项目资助

中共江苏省委党校、江苏省行政学院学术著作出版资助项目

Urban Agglomeration

长三角城市群
形成与扩展的效率研究

Formation & Expansion

王晓红 / 著

中国社会科学出版社

图书在版编目（CIP）数据

长三角城市群形成与扩展的效率研究／王晓红著．—北京：
中国社会科学出版社，2019.5
ISBN 978 - 7 - 5203 - 3059 - 6

Ⅰ.①长…　Ⅱ.①王…　Ⅲ.①长江三角洲—城市群—区域
经济发展—研究　Ⅳ.①F299.275

中国版本图书馆 CIP 数据核字（2018）第 200464 号

出 版 人	赵剑英
责任编辑	赵　丽
责任校对	王秀珍
责任印制	王　超

出　　版	中国社会科学出版社
社　　址	北京鼓楼西大街甲 158 号
邮　　编	100720
网　　址	http://www.csspw.cn
发 行 部	010 - 84083685
门 市 部	010 - 84029450
经　　销	新华书店及其他书店

印　　刷	北京明恒达印务有限公司
装　　订	廊坊市广阳区广增装订厂
版　　次	2019 年 5 月第 1 版
印　　次	2019 年 5 月第 1 次印刷

开　　本	710×1000　1/16
印　　张	12
插　　页	2
字　　数	201 千字
定　　价	49.00 元

目　录

第 一 章

绪 论

如果下一个 10 年中国经济还能继续高速增长，城镇化必将是其重要的引擎。

——迈克尔·斯彭斯

第一节 问题的提出

20 世纪中期以来，以巴西、阿根廷为代表的拉美国家出现了大规模的人口集聚，实现了快速城市化，发展中国家的城市化看似取得了巨大成就。但是，人口的集聚只是城市化的一个表征，在一个成熟的城市体系中，经济活动应该有着更强的溢出（Henderson，2002）。在 2001 年诺贝尔经济学奖得主 Stiglitz 看来，"中国的城市化与美国的高科技将是影响 21 世纪人类社会发展进程的两件大事"。不可否认，中国的城镇化是最富有潜力的，但同时也是人类一项巨大而棘手的工程。值得关注的是，城市化发展的高阶形态城市群经济能否得到发挥，将直接影响中国城市化的进程。

一 研究背景

20 世纪 80 年代以来，随着信息化和经济全球化的快速发展，城市与城市之间的经济往来逐步增加，出现了连片的现象，并逐步形成了城市群。城市群的发展跨越了行政界限，能够更加有效地发挥聚集经济的作用，对国家或地区的经济发展具有极强的带动作用。国外著名的城市群包括美国东北部大西洋沿岸城市群（以纽约为中心）、北美五大湖城市群

（以芝加哥为中心）、英伦城市群（以伦敦为中心）、欧洲西北部城市群（以巴黎为中心）以及日本太平洋沿岸城市群（以东京为中心）。

　　毫无疑问，在中国大力推进新型城镇化的背景下，城市群经济将成为中国在21世纪经济发展的重要增长极。[①] 城市群的发展在中国已经得到了政府的高度关注，并被提升到国家战略层面。《国务院关于依托黄金水道推动长江经济带发展的指导意见》《长江中游城市群发展规划》以及《中共中央关于制定国民经济和社会发展第十三个五年规划的建议》等一系列文件，都十分强调城市群的辐射带动作用。从我国城市群的经济发展来看，当前中国的城市群经济的确占据着中国经济绝大部分比重。据《2015城市蓝皮书——中国城市发展报告No.8》数据显示，中国长三角、珠三角、京津冀、长江中游以及成渝这五个国家级城市群无论是在经济发展、人口集聚还是城市的建设方面均占据接近一半的体量。2014年，这五大城市群虽然所占行政面积仅为全国城市的18.14%，但却聚集了全国城市人口的32.16%，拥有全国城市建设面积的40.48%，创造了全国国内生产总值的46.43%，贡献了46.3%的社会消费品零售总额，拥有外资达到全国外资的57.15%。在经历了多次扩容后，长三角城市群跃升为全球第六大城市群，引起全球城市经济研究者的高度关注。

　　目前，我国的城市群分为三类，包括10个基本建成的城市群、14个正在建设的城市群和7个潜在城市群，已经覆盖了中国90%以上的地级市。[②] 并且，城市群已成为我国城镇化的重要载体。值得一提的是，当前我国城市群处于探索阶段，在长三角、珠三角以及京津冀城市群的示范作用下正处于"高热"状态，鲜有研究去关注城市群的效率以及城市群扩容对城市群成员的效率影响。在区域一体化和城市群的发展过程中，大城市对周边城市有着较强的辐射带动作用，但也会进一步地促进一些

---

　　① 《城市群：21世纪中国发展新的增长极》，《中国社会科学报》2014年12月24日。

　　② 《中国哪些城市纳入了城市群》，http://finance.ifeng.com/news/special/zgcsq/。其中，已经建成的城市群包括珠三角城市群、长三角城市群、京津冀城市群、山东半岛城市群、辽宁半岛城市群、长江中游城市群、中原城市群、成渝城市群、关中城市群、海峡西岸城市群；正在建设的城市群包括武汉城市群、长株潭城市群、江淮城市群、呼包鄂城市群、甘肃城市群、乌昌城市群、黔中城市群、银川城市群、拉萨城市群、太原城市群、石家庄城市群、滇中城市群、环鄱阳湖城市群、南宁城市群；7个潜在城市群，包括豫皖城市群、冀鲁豫城市群、鄂豫城市群、徐州城市群、浙东城市群、汕头城市群、琼海城市群。

优质"要素"向中心城市集聚。以人才为例，城市群的发展会加强人才的流动性，会加剧高效率人才向城市群中的核心城市集聚，而一些低效率人才在核心城市无法继续获得较好的福利而不得不向边缘城市回流，从而形成人才分类效应。同样，在产业方面，低效、高污染的工业经济逐步从核心地区向边缘地区迁移，而高效的服务业以及有着更多研发创新的总部经济则进一步向核心城市聚集，从而造成城市群内部的经济差异进一步扩大。因此，在热衷于城市群建设的过程中，如何有效地利用资源是当前迫切需要解决的问题。

从本质上而言，城市群仍然是聚集经济的一种形式。产业在空间上的集聚是聚集经济的最基本形态，Weber（1909）就指出影响厂商选择区位的因素包括运输成本因素、劳动力成本因素以及聚集因素。而这种集聚的因素包括 Glaeser et al.（1992）所述的 Marshall-Arrow-Romer 外部性，Krugman（1991）规模报酬递增以及要素的不可流动性和搜寻成本的节约等。但产业集聚只是集聚的基本形态，当多样化生产占据重要比重时，产业集群这种多产业集聚的形态逐步形成。如果产业集聚是因为经济中的个体具有很强的同质性而在某个特定的区位集聚，那么产业集群则是因为这些个体具有异质性而相互吸引，从而地区表现出多样化的生产。这种多样化的生产则与经济活动在地理空间上的集聚密不可分，主要通过 Jacobs 外部性、范围经济以及中间品的投入来形成。城市的发展离不开产业，而不同城市产业之间的关联促使城市的发展突破原有的边界，形成具有密切经济往来的"城市群经济"，空间集聚形态已经由"产业集聚"逐步向"城市集聚"演化（张学良，2013）。前文中提到了，中国目前已经形成 10 个基本建成的城市群，并且有 14 个正在建的城市群和 7个潜在城市群。但是，整体而言中国的城市群水平仍然偏低，尽管城市群内的城市与城市群外部城市相比效率更高，但城市群经济并没有能够在多数城市群推进中得到充分实现，反而造成了效率损失和区域发展的失衡（张学良等，2014）。

有鉴于此，本书选择对城市群的效率进行研究，从城市群的形成与演化出发，考察城市群形成演化过程中的内外因素对城市效率的影响，并且从城市群的土地利用效率、人力资本效应、产业集聚效应、城际交通网络发展四个角度来考察城市群发展对城市效率的影响。此外，本书还对城市群扩容所引起的群内不同中心城市、原有核心城市以及新加入的城市效率空间溢出等进行了详细的分析。

二 研究的目的和意义

城市群的发展对城市具有重要的推动作用，这已经得到广泛的认识。但从现有研究来看，鲜有文献对城市群形成与发展过程中的效率进行分析，更是鲜有文献对加入城市群和城市群扩容后的城市效率空间溢出进行分析。本书拟通过规范经济学的研究对城市群的形成及效率进行理论研究，同时对城市群的效率进行多角度评估，以期能够为中国正在快速发展的城市群提供更多有益的建议和意见。

本书研究的理论意义有三个方面：

第一，拓展城市群理论中的效率理论，为中国城市化的效率研究提供新的支撑。不同于传统的城市群形成理论，本书除了注重城市群的形成分析之外，更加注重分析城市群形成过程的效率问题。在城市群形成过程中，一方面，伴随着部分资源的整合利用，城市群的效率有望得到提升；但与此同时，城市群的形成也会造成一些"净损失"，从而导致城市群的效率降低。城市群效率的研究进一步丰富了城市群理论，对城市群理论的发展具有重要的意义，同时也为中国城市化的效率提供了新的理论支撑。[①]

第二，模型化城市群效率，丰富了新经济地理学的城市群研究。新经济地理学经过二十余年的快速发展，已经得到了广泛的关注。但从Mori（1997）之后，新经济地理学对城市的研究进展缓慢。本书中的理论以新经济地理学为基础，并进一步从多角度分析城市群的效率等问题，是对现有新经济地理学城市群理论的重要拓展，对新经济地理学理论发展具有重要意义。

第三，丰富了区域经济一体化理论研究。城市群的发展是区域经

---

① 在本书的研究中，城市效率是指单个城市的生产效率；而城市群效率是指由多个城市所形成的城市群所产生的效率。城市群效率不同于单个城市效率，更多强调城市与城市间的经济关联，这种经济关联会对城市产生额外的效率。但城市群效率最终会在单个城市中得到体现，从而表现为城市效率。在本书的研究中，我们对城市群深化以及广化所产生的额外效率进行了大量的分析，以体现城市群的效率。

济一体化发展的重要手段，城市群效率的研究则为区域经济一体化的发展提供了有力支撑。本书中有关城市群的研究中涉及多城市发展的竞争与合作，对区域经济一体化过程中所碰到的问题具有重要的意义。

本书除了理论研究之外，同时侧重对长三角城市群的效率研究，因此具有较强的现实意义，主要表现在以下四个方面：

第一，本书对长三角城市群效率进行系统分析，为长三角城市群后续资源整合利用提供了重要方向。本书在分析城市群效率问题时，选择了长三角作为案例分析。长三角城市群是我国城市群中公认的最富有活力的城市群，同时也是跻身全球领先的城市群。对长三角城市群诸多因素的效率分析，能够为长三角城市群经济未来发展指出突破方向。

第二，以长三角城市群为例，将长三角城市群经验进行推广，有助于为我国正在建设或未来有望建设的城市群发展提供借鉴。尽管长三角城市群尚有众多亟待突破的地方，但长三角城市群的成功是毋庸置疑的。通过分析中国长三角城市群的效率，本书能够为中国其他城市群经济发展提供更多的参考，从而让城市群经济真正成为未来中国经济的"增长极"。

第三，通过研究城市群效率，促进我国区域经济一体化快速发展。城市群的发展本质上也是区域经济研究的一部分。所不同的是，城市群的发展可以跨越传统的行政区域而组团发展，这种发展模式对区域经济形成了重要的补充。城市群效率得到提升，区域经济的快速发展也将水到渠成，从而能够更加有效地促进我国区域经济的协同发展。

第四，城市群是我国城市化的重要载体，城市群的高效率发展将进一步推动中国城市化的进程。伴随着中国工业经济的快速发展，城市化进程不断加速。城市化的发展要求我国城市以及小城镇同步得到发展，这在某种程度上对城市与城市的关系有着较高的要求。本书所研究的城市群效率则满足这一要求，不仅要求协调好城市之间的关系，同时能够利用我国城镇化来推动城市效率的提升。

第二节　文献综述：城市群的形成、发展与效率

1950 年，美国人口普查局根据最新的调查数据绘制地图时发现，美国东海岸线"东北—西南"轴线出现了大城市相连的现象，并且长达 600 公里。为了便于研究，Gottmann（1957）将这种"大量人口聚集、大城市连片且外围城市围绕中心大城市发展的超级大城市"称为城市群（Megalopolis）。[①] 本书将重点分析城市群形成与效率问题，因此在这里有必要对城市群的形成、发展以及效率相关的研究进行回顾。

一　城市的形成与发展

按照城市群的定义，城市群是由多个中心城市组团形成，这些中心城市周边有着大量的外围城市，并且围绕着大城市发展。从中可以发现城市群之所以能够形成，至少包括三个方面的内容：（1）形成"中心—外围"城市，并且外围的城市要围绕着中心城市发展；（2）存在多个这样的中心城市；（3）组团城市出现了连片现象。

（一）城市的形成与发展

在一个高效的城市群中，既包括大城市，同时也包括中小城市。城市群由最初相互独立的城市组成，因此有必要首先回顾一下城市的形成历程。中国城市有着悠久的历史，其中以河南洛阳为最。因此，要想把握城市的形成，探究中国城市的形成显然具有重要意义。城市由"城"和"市"组成，现代城市两者缺一不可。关于城市的起源与形成有着广泛的争议，但无外乎于先"城"后"市"，或者先"市"后"城"。

在中国，"城市"一词最早见于战国史籍中（耿曙生，1990）。整体而言，中国的"城"优于"市"而存在。"城"的作用在古代具有抵御外敌侵入的功能，这种功能是人类的本能。古文如《说文解字》载有

---

① Megalopolis 在我国也经常被翻译为"城市带""特大城市"或"巨型城市"。在 Gottmann（1957）的原文中更多阐述的是美国大西洋沿岸的"东北海岸城市带"，但由于在我国城市的形成中更多地以块状出现，因此也被称为"城市群"。在本书研究中，沿用常用概念，即采用"城市群"的概念。需要指出的是，我国城市群的相关研究中也有采用"Urban Agglomerations"来表示，详见顾朝林（2011）。

"城，以盛民也"，《墨子·七患》中"城者，所以自守也（张全明，1998）。"市"则是为满足人们的日常生活需要而设，我国史学文献同样对市有着详细的记载。比如在《易经·系辞下》载有"日中为市，致天下之民，聚天下之货，交易而退，各得其所"（张全明，1998）。从国外的古城发展来看，也有着类似的历程，比如古希腊的雅典。

城市的起源可能由于历史的原因而"偶然"出现，并且这种"偶然事件"可能会被放大而进一步促进城市规模的扩大。城市一旦形成，由于聚集效应的存在而会导致城市规模的逐步扩大（Arthur，1987）。为了说明这种历史事件"路径依赖"的重要性，Arthur（1987）构建了一个三地区的一般均衡模型来验证，研究中包括"历史事件"和"集聚经济"。研究结果表明，"历史事件"的确是影响城市形成的重要原因。但城市一旦形成后，偶然事情可能变得并不那么重要，"路径依赖"则占据重要位置。Davis and Weinstein（2002）以规模报酬递增、随机增长以及区位原理为基础来分析一国经济活动的空间分布，研究第二次世界大战的日本遭受原子能袭击的城市增长。研究结果表明，城市的规模受区位影响很重要，规模报酬递增加速了区域分异，但是临时性的大冲击并没有对日本受灾的城市规模产生影响。同样，Brakman et al.（2004）作了类似的研究，对第二次世界大战中德国遭受到战略性轰炸的城市进行了研究，研究结果表明轰炸对城市增长有显著的影响，但这种影响是临时的，并且对东德和西德的影响作用不一样。日本和德国在第二次世界大战遭受轰炸的城市发展经历表明，"路径依赖"的确是存在的。新经济地理学Krugman（1991）模型也表明，一旦经济活动的均衡分布被打破，则存在"路径依赖"。

除了偶然的事件之外，城市的形成与发展可能是有"决定性"的。城市的发展离不开产业的发展，因此不妨看看经典的区位论中如何阐述这种决定性。在经典的区位理论研究中，Von Thünen（1826）的研究指出地租、地理距离决定了农作物的种植区位，Weber（1909）的研究则表明运输成本、劳动力成本以及聚集因素决定了工业的区位，Christaller（1933）和Losch（1956）的研究则指出产品的运输距离决定了城市的层级体系。总之，在区位理论研究中，普遍认为地理禀赋、运输可能性、厂商需求、地租和价格空间分布是重要的，而历史因素并不重要（Arthur，1987）。那么，第一天性和第二天性到底哪种天性更加重要呢？Krugman（1993）构建了一个空间经济学的一般均衡模型，将两者纳入统一框架中，研究侧重分析经济学和地理学两类学科对城市形成的不同解释，结果表明大城市的区位并非完全由区位因子所决定的，历史事件和自我预期在其中起着重要的作用。

（二）城市体系

城市的发展过程中，大量人口逐步从农村地区向城市地区转移。无论是人口、产业抑或基础设施都会增加，即城市的规模将会迅速增加。大量人口集聚在有限的土地上，造成土地这种资源的稀缺性增强。Alonso（1964）对城市的土地竞用进行了研究，并开创了现代城市经济学的研究范式。

在 Alonso 所著的《区位与土地利用》（*Location and Land Use*）一书中，作者采用了类似于 Von Thünen（1826）的研究，用城市商务区（CBD）替代农业区位论中的城市。距离城市商务区越远，则通勤费用越高，并由此决定了城市地租。Alonso 构建了一般均衡模型，当不同地区的通勤成本差与地租差相等则出现了均衡。通过消费者行为的分析，Alonso 成功地构建了地租竞价曲线，分析了土地利用问题，构建了单中心城市模型（monocentric model）。其后，Mills（1967）和 Muth（1969）的研究进一步将土地利用拓展到住房。由于 Alonso、Mills 以及 Muth 的研究具有一些共性，因此后来的研究将之称为 Alonso-Mills-Muth 模型，并将之用来分析城市土地、劳动力以及住房相互之间的关系，构成城市经济学中最为基础且最为核心的部分。Dixit（1973）则进一步对单中心城市的规模进行了分析，研究中考察了城市商务区集中生产的经济性和上下班拥挤的非经济性，以此来决定城市的规模。

有关现代城市经济学对城市体系的研究，可以追溯到 Henderson（1974）。该文在城市经济学研究领域具有极其重要的地位，综合了城市经济学中的 Alonso-Mills-Muth 模型和 Marshall（1890）所提到的外部性。该文从微观的消费者和厂商开始分析，指出城市生产和消费并非土地模型，从而生产和消费更加便于利用技术的规模经济。规模经济可能出现在最终产品、中间产品或者市场中，从而城市的规模有持续扩大的动力。但是城市的规模也并非无限扩大的，随着城市规模的扩大，平均的通勤成本不断攀升。城市的规模由规模经济（聚集力）和同期成本（分散力）来决定，城市规模大小则是二者权衡的结果。该文同时分析了为何有些城市规模大，而另外一些城市规模相对较小，指出引起城市规模差异的原因是因为城市专业化程度不同，从而规模经济存在差异，并进而导致城市规模出现差异。Henderson 的研究随后得到了推进，如 Upton（1981）、Schweizer（1985）和 Abdel-Rahman and Fujita（1990）等。

如果说 Henderson（1974）关于城市规模的研究侧重于 MAR 外部性，那么有一类关于城市规模的研究则更加关注公共物品，具有代表性的研究包括 Fisch（1977）、Arnott（1979）以及 Arnott and Stiglitz（1979）。Fisch（1977）的研究拓展了标准的城市地租模型，在模型中增加了公共物品市场来分析城市的规模。他认为，最优的城市规模应当由公共物品和本地的税收来决定。而 Arnott（1979）则指出，最优的城市规模应当在差异化的城市地租等于公共物品的支出时，即在地租和公共物品之间取得权衡。此外，一些研究也关注到了 Jacobs（1969）外部性对城市规模的影响，比如 Glaeser et al.（1992）采用 1956—1987 年美国 170 个城市的工业增长数据，通过研究发现，城市规模的扩大源于本地竞争和城市多样化，而不是 Henderson（1974）所强调的专业化。

当前的城市体系研究是不足的，至少在 Abdel-Rahman and Anas（2004）看来有两个方面的问题亟待解决：第一，当城市人口数量给定时，专业化分工的城市规模分布是如何出现的？什么样的城市规模分布是社会最优的，这种分布又将如何演化？换句话说，Zipf 定律为何在城市分布中存在，是否合理。第二，为何在城市层级体系顶端的大城市比如纽约、伦敦、巴黎、东京有着多样化的产业结构，而其他越是专业化的城市规模越小。而这两个问题似乎在新经济地理学的研究中得到了很好的解释。Henderson and Venables（2009）对城市人口数量给定的情形进行了研究，并发现会有一些新城市的出现。研究发现，均衡的城市规模会随着城市外部性而变化，而这也决定了城市的产业是专业化还是多样化发展。

（三）"中心—外围"与城市层级体系

随着城市的规模扩大，城市的边界不断地向周边延伸。在拥挤效应不断扩大时，周边城市逐步得到发展。比较明显的是，在大城市地租价格不断增加时，城市劳动力的工资成本也会相应地增加，因而处于城市的企业有向外迁移的动力。而这种企业的迁移会带动人口的流动，从而在周边出现新的城市。

为了说明这个问题，Fujita and Krugman（1995）构建了一般均衡的空间经济学模型来说明 Von Thünen 的"孤立国"模型，并分析所有产业在单个城市生产的情况。但是他们的研究也发现，这种单中心城市并非一直不变的，在城市的周边完全可以形成多个小城镇。按照他们的理论，在原有的中心城市周边会形成小城市，从而形成"中心—外围"结构的城市层级体系。事实上，对于城市层级体系的研究在经典的城市经济学研究中有很多，并且这类研究从城市的产业着手（Abdel-Rahman and Wang，1995）。例如，Abdel-Rahman and Fujita（1993）的研究就指出，在封闭经济中均衡时城市可能会出现多样化、专业化或者两者的混合体系。由于产业结构的变化，该模型也很好地为城市层级体系提供某种解释。正如 Abdel-Rahman and Wang（1995）所评价的那样，这类模型并没有能够对城市的"中心—外围"进行很好的解释，为此，Abdel-Rahman and Wang（1995）对此进行了研究。在他们的模型中假定非技能劳动力专注于边缘地区的农业生产，而技能劳动力在核心地区从事高技术的工业生产。技能劳动力的工资根据高技术厂商和技能劳动力的议价所形成的纳什均衡确定，由于足够大的正的外部性而促成大城市的出现，并且形成"中心—外围"城市。

在新经济地理学的研究中，最核心的内容就是解释"核心—边缘"结构。而有关这方面的内容，完全可以从新经济地理学的经典著作 Krugman（1991）以及 Fujita et al.（1999）清晰地看到。如果往前追溯，可以发现新经济地理学中关于人口的动态演化是建立在 Christaller（1933）的中心地理论上（Partridge et al.，2009）的。使用美国 1990—2000 年的人口数据，Partridge et al.（2006）发现美国的大城市没有对周边城市产生增长的"阴影"（shadows）作用，事实上美国的大城市对周边少于 25 万人口的小城市反而有着显著的促进作用。而在使用美国 1950—2000 年的数据时，Partridge et al.（2008）研究发现美国的高层级的城市对远距离城市有着负向显著的影响。Partridge et al.（2009）进一步对集聚的溢出效应和市场潜能进行研究时发现，集聚的溢出效应在城市层级体系中具有重要的作用。在 Partridge et al.（2009）的研究中，他们发现了类似的结论，即美国的大城市对周边少于 25 万人口的小城市反而有着显著的促进作用。但他们的研究也发现，大城市对周边的中等规模城市产生了"阴影"效应。

借用 Fujita & Krugman（1995）的理论分析框架，利用中国部分沿海城市的数据，丁振辉等（2012）研究发现中国 19 世纪以来"中心—外围"城市的形成的确与此有着紧密的关联。类似的，许政等（2010）的研究也发现中国城市总体上存在"中心—外围"，并且长三角出现了多层的"中心—外围"结构（赵伟等，2009）。尽管从形态上看可以发现中国的城市有着类似的"中心—外围"城市的结构，但如果只是中心城市周边有着外围的城市，仍然不足以成为"中心—外围"结构，尚需对城市之间的经济关联性进行剖析。如果只是简单的城市罗列，不足以形成"中心—外围"城市体系，更谈不上城市群的形成。

二 城市群的形成与发展

"中心—外围"的形成只是城市群形成的基础条件，城市群真正的形成则包含着多层级的"中心—外围"城市体系。以长三角为例，以上海为龙头，形成了以南京、杭州为边缘，上海为核心的层级体系。而在浙江城市群中，杭州则成为核心城市，周边由众多中型城市组成，形成了次级的"中心—外围"城市体系。那么，城市群是如何形成的？城市群一旦形成后又是如何发展的呢？城市群的效率又如何？有必要对相关文献进行回顾。

（一）城市群的形成

随着现代化的交通和信息的快速发展，城市之间的经济往来越来越密切，并最终形成了相对较为完整的城市集合体。方创琳（2011）的《2010 中国城市群发展报告》指出中国的长三角城市群已经成为全球的六大城市群之一。而世界银行在 2015 年发布的《东亚城市景观的改变：十年空间增长的测度》（*East Asia's Changing Urban Landscape：Measuring a Decade of Spatial Growth*）一文中也指出：中国珠三角，包括广州、深圳、佛山和东莞，已经在人口和规模上超过东京成为全球最大的城市区域，其居民数更是超过了阿根廷、澳大利亚以及加拿大等国。东亚城市区域中包含 8 个人口过千万的巨型城市，123 个人口过百万的大型城市以及 738 个人口介于 10 万到 100 万的中小城市。① 毫无疑问，城市群经济已经越来越得到重视。从世界六大城市群的形成，大致可分为三类：

第一，城市化进程加速，城市版图拓宽，形成城市群。Gottmann（1957）最早对城市群进行了系统的研究，并且对城市群的形成历程进行了回顾。他在研究中指出，20 世纪中叶美国随着城市化过程加速，用 1/8 的人口就能提供美国居民生活所需要的农产品。而这些从农业部门流出的劳动力，则促进了美国的半城市化状态（semiurbanized status），这也形成了城市群发展的基础。这种城市群的形成过程除了在北美的美国和加拿大出现之外，在鹿特丹和巴黎也有着相似的经历。

第二，原来的城市地理上为"U"形分布或类似分布，随着中心城市扩展，连成一片而形成城市群。Gottmann（1957）对这种城市也进行了分析，指出这种城市群的形成以英国的城市群发展最为突出。英国城市最初的形成在地理上呈"U"形分布，从利物浦和曼彻斯特开始，途经伯明翰和谢菲尔德，最后延伸到利兹和布拉德福。但随着城市的规模扩大，尤其是中心城市的扩大以及这个"U"形向南扩展，"U"形与中间空白的部分被填充，"U"形和中心城市接壤，从而形成城市群。

第三，以工业经济为基础形成城市，随着专业化分工和工业经济的关联性增强，形成了城市群。"二战"后日本在太平洋沿海岸线形成了工业带，工业经济带动了城市化。最初，日本的工业带之间的经济往来并不密切，经济往来主要集中在以东京、名古屋和大阪为中心的这三个大城市。但是，在 1973 年爆发了全球性的"石油危机"后，日本的这三个大城市加速了联系，形成了著名的"东海道城市群"（Tokaido megalopolis）（Rimmer，1986）。

我国长三角城市群的形成有着特定的经济和历史因素，是区域经济社会内生交互发展的产物（徐康宁等，2005）。但总体来说，从长三角城市群的形成来看，更加类似于上述分析中的第一种情况。城市化的快速发展，城市版图得到了扩展，并最终形成城市群。长三角城市群的发展，

---

① 世界银行，http://www.worldbank.org/en/topic/urbandevelopment/publication/east-asias-changing-urban-landscape-measuring-a-decade-of-spatial-growth。

具有"一核两翼"的特质,其核心为上海,南京、杭州为两翼。处于核心与两翼之间有若干重点城市,而且其本身的经济发展水平就极高。以北翼为例,上海、苏州的快速发展,带动了周边具有地理优势的昆山、青浦的发展,从而城市出现接壤。同样,南翼也有类似的发展经历。特大城市、大城市与中小城市形成了紧密的网络,从而形成了长三角城市群。

不同于长三角城市群,珠三角城市群的发展则是与深圳的快速发展以及香港、澳门的发展带动有着直接关联。1982 年,深圳设立特区初期,第三次全国人口普查全市人口登记总规模还不到 40 万(罗湖区 12 万多,宝安县 23 万多)。而在 2014 年,仅仅过了 30 余年,深圳的常住人口已经突破千万,成为超大城市。① 改革开放后,深圳迎来了空前的发展机会,利用临近香港的区位优势而快速发展。可以不夸张地说,珠三角的形成与发展,很关键的一点是深圳这个超大城市的出现,而深圳则是外向型经济发展的代表产物(邓伟根等,2010)。虽然珠三角城市群的形成并非像英国以伦敦为中心的英伦城市群那样,由"U"形结构而组成,但如果考虑香港和广州城市的"线型"结构,那么珠三角城市群的发展则可以归结于上文中所提到的第二种类型。

京津冀城市群的发展则与长三角和珠三角城市群的形成有着巨大的差异,其形成过程中非市场的因素相对较多,包括历史因素、政治因素等。而市场的因素则主要是工业企业之间的经济往来增加,从而促进城市群的形成,比较类似于日本的"东海道城市群"。只是,相比较而言,京津冀城市群之间的经济往来并没有达到"东海道城市群"的水平,并且非市场的因素超过市场因素,在一定程度上也限制着京津冀城市群的发展。

Fujita and Mori(1997)的研究对城市群形成有着重要的意义,可以在更大的层面上解释上述三种城市群的出现。他们的研究认为,随着城市人口的增加,城市出现了突发性的分叉,新的城市会由此而产生,城市数量会不断地增加。正如 Cronon(1991)对芝加哥的城市发展中所阐

---

① 杨京元:《在特区初期人口普查的日子里》(http://sztqb. sznews. com/html/2010 - 08/12/content_1190461. htm)。

述的那样，仅仅在几年的时间内，一个小的村庄就变成人口扩大二十倍、城市建筑面积扩大三千倍的城市。他们的研究仍然遵循新经济地理学的一般假设，假定农业和制造业两个部门生产两类商品，通过前向关联（制造业集聚导致工人的工资水平增加）和后向关联（消费者吸引专业化的产生集聚在城市），厂商的规模经济最终演变为城市的规模报酬递增（第三种情形出现）。但是当城市人口达到某个临界值时，空间集聚会发生作用，对形成新的城市产生正向的反馈机制，并且对原有的城市形成负向的反馈机制，从而导致新城市的出现（第二种情形出现）。但是，在达到人口临界值出现之前，由于已经存在城市的"路径依赖"，新出现的城市规模会变大（第一种情形的出现）。在新城市不断扩张时，最终出现类似于原有城市面临的问题——突发性分叉，再次形成新城市。新城市和原有城市之间形成城市体系，类似于 Christaller（1933）和 Losch（1956）所述的中心地理结构。

尽管 Fujita and Mori（1997）的研究在一定程度上解释了新城市的出现和城市群的形成，并且能够部分地解释所见到的城市群的形成。但严格来说，他们对城市群的研究并没有达到完美的程度，至少对城市群中多个核心城市的阐述还不够完整。并且，他们的研究对城市群中的中心城市和周边的卫星城市也没有涉及。因而，在他们的城市群研究中并不能说明以多层的"核心—边缘"结构为基础的城市群，而这种多层的"核心—边缘"结构为基础的城市群才是现代城市群的主流形式。

（二）城市群的发展

在城市群发展初期，城市群中包含若干较大的城市。这些大城市与大城市之间的经济往来越来越多，区域性的大城市和周边的中小城市之间的经济往来也相对较多。但是，区域性的大城市和非区域内的小城市之间，抑或小城市与小城市之间的经济往来甚少，没有形成空间的关联，因而这种城市群只是处于相对较为初级的阶段。但是，随着城市群的发展，这一现状将得到改变，区域性的大城市可以跨越区域而与城市群中非本区域的中小城市有着更多的经济往来，并且小城市之间的经济往来也会不断地增加。

随着城市群的快速发展，Gottmann 最初所述的"Megalopolis"不再能够完全概述城市群的内容。因此，在 20 世纪 80 年代后期，Gottmann

(1987) 和 Gottmann and Harper (1990) 再次撰文提出 "Megapolitan Areas" 这一概念。[①] 在城市群发展壮大的过程中，区域经济的关联性也会增加，城市群发展突破以往的认知，出现了 "都市区域"，即由多个都市及周边的小城市组成的城市群合并成为一个更加高层级的城市群。这种 "都市区域" 有着两个方面的特征：第一，大量的人口集聚。这与城市群的本质是一样的，而且在这个都市区域中城市人口的总量更大。第二，走廊形式。在 "城市群" 的最初定义中，城市群中的城市是相连的。但是，在 "都市区域" 中，人口在区域内成块状的集聚。并且，城市与城市之间出现一些空白。

"都市区域" 既是城市群的一种外延，同时也是城市群向更高级阶段发展过程中的一种形态。相比较而言，这种 "都市区域" 更容易在国土面积相对较大的国家出现，比如美国、中国等大国都有着相似的情形。Gottmann (1987) 认为除了美国东部海岸城市群和西部海岸城市群这两个城市群之外，还有美国南部围绕着亚特兰大建设的城市群。此外，他还提到了美国十个 "都市区域" 的发展。[②] Lang and Dhavale (2005) 的研究表明，2003 年美国的 "都市区域" 仅占美国 15% 的国土面积，但是拥有的人口却超过美国总人口的 2/3，几乎达到了 2 亿人口。并且，美国的 "都市区域" 已经扩展到了 35 个州，其中美国东部 "都市区域" 达到了 6 个，西部地区 "都市区域" 达到了 4 个。

从 20 世纪中期城市群的提出，到 21 世纪蓬勃发展的 "都市区域"，美国的城市群发生了巨大的变化。按照 Morrill (2006) 的分析，美国的城市群发展经历了三个时期，第一个时期是 1950—1970 年。这一时期美国的郊区化发展迅速，主要得益于美国在 "二战" 后的婴儿潮以及大量本地农村人口向城市的转移。该时期美国的城市群人口从 2450 万人增加

---

① Megapolitan Areas，简写为 "Megas"，有着一些相似的特征，中文常翻译为 "都市区域"。本质上而言，这种大都市区域是城市群向高级阶段发展的一个过渡阶段，因此仍然将之归类于城市群。

② 这十个 "都市区域" 分别是以 Seattle 为中心的 Cascadia、以 Houston 为中心的 Gulf Coast、以 Dallas 为中心的 Corridor、以 Chicago 为中心的 Midwest、以 San Francisco 为中心的 Nor-Cal、以 New York 为中心的 Northeast、以 Miami 为中心的 Peninsula、以 Atlanta 为中心的 Piedmont、以 Los Angeles 为中心的 Southland 以及以 Phoenix 为中心的 Valley of the Sun。有关各个 "都市区域" 的人口、主要城市以及占地面积详见 Lang and Dhavale (2005)。

到 3400 万人，面积从 3283 平方公里增加到 7006 平方公里。最初的城市包括中心城区、郊区和远郊（郊县），而这也是城市群的基础。在 Gottmann（1957）最初提出城市群概念时，美国的城市群主要构成包括一个中心城市（central city）以及若干个边缘城市（edge city），而这些边缘城市由远郊（郊县）形成，并且以其为基础，链接中心城市形成了某个"城市区域"（urban realm）。但随着城市群的发展，出现了双核或者多核的城市中心，并且不同核心城市周边的"城市区域"逐步相连，并最终构成现代的城市群（The New Metropolis）——"都市区域"（Lang and Knox，2009）。

从我国的城市群发展来看，目前比较成熟的城市群都具有相类似的特征。在我国全力打造的国家级城市群中，这一特征更是明显。长三角城市群形成了上海、南京、杭州三大城市为中心的"三核"，珠三角城市群形成了广州、深圳两大城市为中心的"双核"，京津冀城市群形成了北京、天津两大城市为中心的"双核"，长江中游城市群形成了以武汉、长沙、南昌三大城市为中心的"三核"，成渝城市群形成了以成都、重庆两大城市为中心的"双核"。此外，比较典型的城市群如山东半岛形成了青岛、济南两大城市为中心的"双核"、辽中南形成了以沈阳、大连两大城市为中心的"双核"、哈长城市群形成了以哈尔滨、长春为中心的"双核"。中原城市群和关中城市群算是中国城市群中的两个例外，但中原城市群和关中城市群分别形成了副中心城市，有着形成双核或多核中心城市的趋势。毫无疑问，在现代城市群的发展过程中，双核或多核中心城市是主要的趋势，也是城市群能否得到重要发展推进的依据。

城市群的形成过程中，由于双核或者多核中心城市的存在，势必会引起剧烈的竞争，同时也会存在合作。城市群的发展过程中，如何利用好竞争与合作，实现真正的市场分工和一体化是成功的关键（徐康宁等，2005），有时甚至需要形成战略联盟（唐小飞等，2015）。在城市群的形成过程中，打破地方的行政限制能够有效地促进区域协调发展（徐现祥等，2005）。在全球城市化、全球经济一体化的带动下，城市群的发展有望走向国际舞台，与国际接轨（王婧等，2011）。城市群的发展需要围绕组织结构、网络化发展模式、职能分工与功能互补、发展关系协调等方面进一步调控和优化（王士君等，2011）。随着外资的空间演化，城市群的发展也得到了推进（钱运春，2006）。城市群的发展是我国城镇化推进的主题形态（姚士谋等，2010），同时也是我国城镇化的重要载体（张学良等，2014）。当然，在城市群的发展过程中，不仅核心城市具有重要的引领和带动作用，中小城市同样具有重要的地位。相比较而言，处在大城市辐射区内的中小城市和小城镇有更好的发展条件，而这种分布也更有利于城市群的形成和未来的发展（王小鲁，2010）。

（三）城市群综合效率

城市群形成与发展中市场与政府扮演着不同的角色，市场机制是城市群空间演变的动力源，政府机制是城市群空间演变的推动力，两者相互结合可以产生较大的集聚效应和扩散效应（国家发改委国地所课题组等，2009）。城市群的发展过程中，一方面，优质的区域要素向大城市集聚，提高了城市群研发效率从而促进经济增长；另一方面，城市群内的政府通过"蒂伯特选择"和加大基础设施投入，带动了需求关联与投入产出关联的循环累积因果联系，从而促进城市群经济增长（吴福象等，2008）。在20世纪50年代，区域经济学研究中对区域非均衡增长中的"扩散效应"与"回流效应"有着大篇幅的论述。城市群的形成，使得这种"扩散效应"与"回流效应"更加明显，尤其是在快速城市化的进程中。

余静文等（2010）使用了2003—2007年中国长三角城市群、珠三角城市群以及京津冀城市群所涉及的县市样本进行了研究，研究中发现城市群的形成对区域的绩效有着显著的提高，并且对区域间的收入差距有着一定的影响。方创琳等（2011）选择中国的23个城市群2002年和2007年的横截面数据，根据CRS模型、VRS模型和Bootstrap-DEA方法对中国城市群的投入产出效率等进行了研究。研究结果表明中国城市群投入产出效率在2002年为0.853，但到2007年出现了下降，降至0.82。根据Malmquist生产率指数的分解，在这期间中国城市群除了规模效率指数有着较小的上升之外，全要素生产效率指数、综合效率指数、技术效率指数以及纯技术效率指数等都有着显著的下降。此外，万庆等（2015）对中国22个城市群效率进行了研究，该研究中使用了2003—2011年相关城市群的投入与产出数据，利用SBM方向性距离函数和Luenberger生产率指数的方法，来测度城市群的城市化效率和城市化全要素生产率的问题。

同时，以测算出的全要素生产效率为因变量，利用 Tobit 模型对影响城市化效率的诸因素进行了分解研究。研究中对城市群形成过程中的劳动力投入、资本投入、土地投入、水资源投入以及能源投入的情况进行了详细的分析。研究指出，影响城市群城市化效率中最关键性的因素是产业结构和技术进步。整体而言，技术进步推动是中国城市群城市化全要素生产率不断增加的原因。

在选择城市经济发展的若干指标后，李红锦等（2011）采用 DEA 对城市群的发展效率进行了研究，并指出珠三角城市群中的城市与周边群外的城市相比的确具有更高的效率。当然，在他们的研究中可能存在着内生性的问题，即到底是因为效率高形成城市群，还是形成城市群之后有着更高的效率？这一问题目前仍然没有能够得到有效的回答。陈章喜等（2011）的研究结论与此相类似，同样采用 DEA 的分析方法，他们的研究发现珠三角城市群的整体运行效率与结构运行效率有着关联，并且结构运行效率逐步凸显出来。但他们的研究中同样没有解释城市群形成后为何存在这种高效率。王春超等（2011）的研究解释了城市群协调组织的形成，说明城市群在怎样的情形下更加具有效率。他们的研究认为，城市群组织的形成可以在很大程度上改变原有政府行政的安排，原有的"U"形组织形式转变为"M"形组织形式，同时很好地利用了规模经济。相比较而言，具有不同功能且互补的城市群通常具有更好的经济绩效，而珠三角也因为这样的组织形成而在中国的城市群中具有更高的绩效。

三　城市群效率

上述研究更多的是对城市群形成后的整体效率进行了评估，而没有对其中微观因素进行详细的探析。本质上，城市群的发展使城市在空间上的关联性增强，这一点在我国发展最为成熟的长三角城市群和珠三角城市群中是极为明显的（赵渺希等，2015）。城市群效率的提高，在很大程度上是资源得到了优化，促进资源更加合理地分配。城市群形成后首先会产生三个方面的影响：土地利用、人力资本以及产业集聚。同时，城市群发展又有着深化和广化两个方向的扩张。因此，交通网络化和城市规模都会对城市效率产生重要的影响。

（一）土地利用与城市群效率

城市的发展中形成了以工业和服务业经济为主的形态，土地利用也会向集约化方向发展。经典的城市经济理论中就很强调土地的重要性，而建立在城市基础上的城市群更是面临着土地的利用问题。城市空间的扩展，促进了城市地租的增加（薛东前等，2002）。相比较而言，大城市采用多核心能够更加有效率地利用土地空间，而中小城市采用单中心的同心圆模式则更有利于土地的利用（王庆琨，2007）。

史进等（2013）对中国城市群的土地利用进行了研究，从规模效益、结构效益和集约效益三个维度分别选择了三个指标，对我国16个城市群的土地利用效率进行了评估。研究发现，我国城市群整体的土地利用中等，以规模效益为主。相比较而言，珠三角城市群的效益最高，三个维度的排序为规模、集约和结构。长三角城市群的效益次之，三个维度的排序为集约、规模和结构。在对多个城市群土地利用效率的比较研究中，王中亚等（2010）以城市土地集约利用为目标选择了土地的投入强度、利用效益、利用程度以及利用可持续四个方面共计15个指标，通过信息熵法确定指标权重，并最终对长三角城市群、珠三角城市群、京津冀城市群的土地集约利用情况进行了评估。相比较而言，珠三角城市群的土地利用率相对较高、长三角城市群和京津冀城市群次之。但使用2001—2012年的数据进行研究，杨海泉等（2015）发现三大城市群土地利用效率均呈现出下降的趋势，并且珠三角城市群下降最为迅速。从城市群内部来看，长三角城市群土地利用效率差异较大，京津冀城市群、珠三角城市群"中心—外围"现象明显（杨海泉等，2015）。整体来说，三大城市群的城市土地利用效率偏低，并且在空间上存在较大的差异。

除了城市群间土地利用效率的评估外，一些研究也对单个城市群土地利用效率进行了评估。许新宇等（2012）采用超效率DEA研究长三角城市群内22个城市的土地利用效率，其研究发现长三角城市群土地利用在2000—2010年期间有所下降，城市规模也影响着土地的利用效率。许建伟等（2013）对长三角城市群中的16个城市在这期间的土地利用效率进行研究发现类似的结论。相比较而言，上海和江苏的土地利用效率更高，浙江和安徽的城市土地利用效率较低。珠三角城市群则出现了不一样的情形，珠三角城市群土地集约利用出现了缓慢的增加，并且区域内部的差异逐步降低（林雄斌等，2013）。毋晓蕾等（2009）对中原城市群的研究中发现，中原城市群土地集约利用总体水平较低，其主要原因是土地投入和产出偏低，土地集约利用水平与地区的经济发展水平呈正相关。而对关中城市群的研究中，郭斌等（2015）采用改进的 DEA 模型对 2008—2012 年关中城市群的数据进行分析，研究发现关中城市群的土地利用效率也是偏低的，并且由于一些非期望产出会导致效率值的高估。

从土地与城市群效率的研究中，可以看出现有的研究存在着两个方面的特征：（1）普遍采用 DEA 的方法对效率进行分析；（2）研究中普遍采用多指标综合的方法。从这些研究共性中可以发现，现有的研究由于指标的选取不同，其研究结果也存在比较大的差异，更无法进行横向的比较。

（二）人力资本与城市群效率

人力资本是现代经济增长的重要因素，Lucas（1988）对此有详细的论述。城市群的发展从某种程度上可以促进人力资本的集聚，从而促进城市群经济的发展。如何更好地利用人力资本，并且将人力资本的效应发挥到最大，是城市群形成过程中需要重点考虑的问题。人力资本的最大作用是创新推动经济发展，城市群中人力资本通过企业技术溢出和学习效应而促进产业的升级，进而推动城市群的发展（吴福象等，2013）。

高怡冰（2013）指出，城市群人力资本的流动有着三个方面的作用：（1）人力资本流动推动内涵式、高端化、生态型的新型城市化进程；（2）人力资本流动加速核心城市的规模扩张和功能完善；（3）人力资本流动推动城市群的产业联系。通过这三方面的作用，城市群的技术创新、产业升级和基础设施建设都将得到强化，从而促进城市群经济的发展。的确，在文余源（2013）的研究中发现，人力资本对城市经济增长具有重要的作用，但至少目前没有能够发现较多的空间溢出效应。正是因为人力资本的溢出效应在当前的城市群中尚未形成，因此大城市虽然集聚着众多的人力资本，但这种人力资本并没有能够获得有效的溢出途径。

事实上，在城市群中人力资本的空间流动性会增强，从而形成集聚效应和选择效应两种不同的效应，而这会给城市群的效率带来较大的影响。一方面，人力资本在城市的流动会带来集聚效应。通常而言，受教育程度越高，则其在集聚经济中容易获得更多的收益（Glaeser and Res-seger，2010）。在大量人力资本集聚的地方，规模经济更加容易出现，从而导致产业的集聚产生（Behrens et al.，2014）。毫无疑问，人力资本集聚和产业集聚会相互促进，产生"循环累积因果联系"，并导致城市有着相对较高的效率。另一方面，大量的人口在城市集聚后会产生一种"选择效应"，即高效率的城市留下高质量的人力资本，低质量的人力资本则会逐步向低效率的城市转移（Behrens et al.，2014；Forslid and Okubo，2015；Mion and Naticchioni，2009；Venables，2011）。

（三）产业集聚与城市群效率

城市群在经济发展中具有增长极的作用（柯善咨等，2010），存在着扩散和回流效应，但这更多地体现在地级市之间（柯善咨，2009）。产业之间的关联是城市群经济的重要组成部分，产业集聚程度直接影响着城市群的效率，支撑着城市群经济的发展。

城市群的发展离不开产业的支撑，城市群空间结构的优化过程需要以产业为基础（郭荣朝等，2010）。在现代城市群空间结构的优化研究中，始终无法脱离产业的分析。以方创琳等（2008）为例，在对湖北城市群空间组织的分析中，他们提出了"延伸10大优势产业链，建设具有区际意义的15个产业集群和7大特色产业带的产业发展与布局思路"。中部地区城市群与珠三角城市群的产业结构相比，中部城市群产业结构高度较低，结构不协调，内部差异明显，呈二级梯度分布（何天祥等，2012）。在关中城市群中有着类似的特征，郝俊卿等（2013）发现关中城市群从中心到外围区域依次形成了资金技术密集型制造业集聚区、劳动密集型制造业集聚区和资源密集型制造业集聚区，呈现出产业空间集聚与城市群规模等级分异相一致的空间效应。

城市群的发展通过生产要素和产业集聚，形成功能完善的产业链，体现出城市群的产业集聚效应（朱光龙，2014），从而影响着城市群的效率。产业集群和城市群的发展需要协同推进，产业群与城市群之间存在着耦合关系，且耦合程度与所在区域的发展呈明显的正相关性，城市群经济体是二者高度耦合的产物（沈玉芳等，2010；郭凤城，2008）。在对中原城市群进行产业集聚与城市化研究中，张莉萍（2015）研究发现类似的结论，产业集聚与城市化的耦合的确对中原城市群的发展具有显著的影响。值得一提的是，产业集聚对城市群可以协同发展，共同推进。马延吉（2010）研究发现，区域产业集聚与城市群的协调发展推动了地区经济整体发展，辽中南城市群在老工业基地产业振兴的过程中推进了新的产业集聚。毫无疑问，城市群的发展推动着产业的集聚，而产业集聚也会加速城市群的推进。产业和城市群发展看似两个方向，但两者之间具有耦合作用（陈雁云等，2012）。

只有充分利用好两者的耦合作用，才能让产业和城市群同时得到更好的发展。洪娟等（2012）以及张云飞（2014）分别对城市群内的产业集聚进行了理论分析，发现城市群内的产业集聚与经济增长具有非线性的关系，在分别使用长三角25个地级市1998—2010年数据以及山东半岛2003—2011年的数据进行实证检验时，他们发现类似的结论，即产业集聚与经济增长之间呈倒"U"形的关系。于斌斌（2015）利用2003—2011年中国十大城市群的面板数据，分析了产业集聚对经济效率的影响，研究中发现门槛效应的存在。换句话说，只有产业集聚到一定的程度，才会发现其对经济效率的作用，才能更好地和城市群形成耦合作用。

（四）交通网络与城市群效率

城市群超越了原有城市的边界，在城市与城市之间需要有交通网络。城市网络的建设对于城市群的扩散与回流效应具有重要的意义。一方面，城市网络的建设，促进优势要素进一步向中心城市集聚，从而促进中心城市经济的增长；另一方面，随着交通网络的改善，非中心城市更加接近中心城市，便于中心城市经济增长向非中心城市溢出（李煜伟等，2013）。交通运输系统是城市群发展的重要引擎，其发展好坏直接影响着城市群的形成、城市群的空间格局形成以及城市群经济发展等（丁金学等，2014；王鹏，2014）。

城市群的发展，是区域经济一体化发展的重要途径。在前文中也指出，城市群的发展打破区域行政界线，更加偏重市场经济的发展模式。无论是美国、日本还是欧洲的城市群发展，都强调区域交通一体化的概念（殷惠，2007）。值得一提的是，随着城市群内交通基础设施的建设，城市之间的差距有着缩小的趋势（杨牡丹，2013）。交通运输的发展与城市群经济发展具有内在的联系，交通运输既是城市群发展的原因，同时也是城市群发展的结果，即存在着"推拉作用"（Wilson et al.，1966）。

对这种相互影响，关兴良等（2014）研究发现交通运输体系和城市群之间的确具有互动耦合、协同演进的格局：一方面，交通运输体系通过直接效应、外部效应以及乘数效应等对城市群的扩张起着推动作用；另一方面，城市群的发展也对交通体系有着全新的要求，需要交通运输体系的发展来保障城市群向更高层次的发展。在对长三角城市群的研究中，刘勇（2009）得到类似的结论：不仅交通运输影响空间结构演化，空间结构演化反过来也影响着交通运输的发展。

交通方式的变化对城市群的空间演化具有重要的意义，一方面可以改变城市的外部形态，另一方面也会改变原有的城市群的空间结构（杨建军等，2005）。在城市群形成的最初阶段，公路运输、铁路运输等具有重要的作用。但随着城市群的进一步发展，对城市高速公路、高速铁路以及城际轨道交通有着更高的要求。随着城市群的深入，城市群高速公路的发展不再局限于为个别大城市而建，更重要的是呈现均衡化发展（李红等，2011）。相比较而言，城际轨道交通更是从整体提升城际运输能力，大大缩短城市之间的距离，促进城市群经济关联性增强（顾尚华，2008；方大春等，2013）。城市群交通网络的发展需要根据城市群的空间结构而制定，比较适合我国城市群的常见交通网络形态包括四种模式：放射型、钟摆型、串珠型和网络型（吕韬等，2010）。

交通网络建设对城市群发展的正向影响已经在我国一些城市群中得到了认同。比如，最初的长三角城市群建设中形成了"一体两翼"的结构，南京和杭州围绕着上海而发展，交通也依上海而建。但是随着长三角城市群的发展，南京与杭州之间建设了高速公路、高速铁路，构成了长三角城市群广域交通体系的重要组成部分（刘中起等，2005）。

（五）城市群规模与城市效率

在城市群的发展方向上有两个方面的内容：城市群深化发展与城市群广化发展。前者是指城市群发展过程中不断加强城市之间的经济往来，而交通网络建设则属于城市群深化发展中最具有代表性的内容。除了城市群深化发展之外，城市群还有着广化发展的方向。从中国城市群的发展来看，城市群广化发展主要向两个方向延伸。第一种类型，以原有的城市群为基础，新城市加入，从而扩大城市群规模。长三角城市群从1992年最初的15个成员城市扩展到2010年的22个成员城市，再到2013

年包括江浙沪皖"三省一市"的 40 个城市，其扩展类型即属于这种类型。第二种类型，以原有的几个城市群为基础，联合形成新的城市群。这种类型的城市群比较典型的是长江中游城市群。长江中游城市群以武汉、长沙、南昌三大城市为中心，由原来的"武汉城市圈""环长株潭城市群"和"环鄱阳湖城市群"共同打造而成。无论是哪种类型的城市群，其规模的扩大都有可能影响着城市效率。①

　　城市规模与城市效率有着紧密的关联，国内外的相关研究已经从多个方面对此进行了理论研究与经验检验。Livesey（1973）较早地对城市最优规模进行了研究，其研究从土地成本与拥挤成本的视角分析城市最优规模。类似地，Arnott（1979）以效用最大化为分析基础对最优城市规模进行了研究。尽管这两个研究并没有提及城市效率，但是其隐含着对城市效率的分析。Moomaw（1981）则对大城市的效率进行了分析，研究发现大城市的效率高主要是因为非制造业部门具有较高的效率。从现有的研究来看，尽管采用不同的研究方法，但是多数研究认为城市规模与城市效率之间的确存在关系，并且呈倒"U"形关系（席强敏，2012；柯善咨等，2014；金晓雨等，2015；梁婧等，2016）。城市规模较大时，虽然存在较强的规模经济效应以及外部性，但是同时也会因为"城市病"而导致效率出现巨大的损失。但是，如果城市规模过小，则会因为城市规模小而无法充分发挥规模经济的效应。使用 1990—2001 年全国 22 个城市的面板数据，金相郁（2006）的研究表明，特大城市和超大城市的城市规模效率并不明显，但中小城市的城市规模效率相对较大。并且，地区之间存在较大的差异。王亢等（2013）的研究结论与此是一致的，即中小城市规模相对较大。但是，对于较小的县级城市则会效率相对较低。值得一提的是，城市规模与城市效率可能存在互为影响的关系。使用 1996 年、2000 年以及 2004 年的数据，陈良文等（2007）的研究发现，城市生产率对城市人口规模的弹性处于 0.6%—0.73%。

　　尽管目前有大量的文献对城市群效率进行了研究，但是鲜有文献对城市群规模与城市效率进行分析。城市群规模是不是越大越好，这有待

---

①　《专家呼吁：不要盲目扩大城市群的范围和发展进程》（http：//news. xinhuanet. com/fortune/2014 – 01/12/c_118932039. htm）。

我们进一步分析。邢怀滨等（2001）对城市群的规模进行了理论上的探讨，试图通过产业的关联性来确定城市群的边界。此外，一些研究分析城市群内的城市是否服从"位序—规模规律"，以此来判断长三角等城市群规模（夏明嘉等，2013；孙雷等，2014）。截至目前，尚未有文献探讨城市群规模对城市效率的影响。

四 城市群研究评述

从上文的文献回顾中可以发现，城市的形成是城市群形成的基础。但目前无论是城市群形成，抑或是城市群效率的研究都存在不足之处，具体表现在以下三个方面：

首先，关于城市群形成的理论分析并不十分令人满意，至少没有能够说明当前大多数城市群形成的原因。Fujita and Mori（1997）以及 Mori（1997）是现有理论研究中对城市群分析最为重要的研究，详细地阐述了如何从单个城市到多个城市组成的城市群。但从他们的研究中也发现了一些不足之处：第一，他们的研究中对城市群的形成分析更加强调新城市的出现，这种新城市的出现在比较小的国家可能更加普遍，但是在中国这种现象并不多见；第二，他们的城市群中的城市规模并没有出现巨大的差异，但中国城市群的发展过程中恰恰变化最大的是城市群内的城市规模，并且城市群规模存在天壤之别；第三，在他们的城市群研究中并没有提及城市群的多层级的"中心—外围"，而多层级的"中心—外围"恰恰是中国城市群形成的基础。

其次，上述研究中缺乏对影响城市群效率因素的分析，甚至没有一个完整的体系对整个城市群中的城市效率进行剖析。目前，尽管对城市群效率的研究已经得到广泛的关注，但是尚未看到一个完整的理论体系。无论是要素流动、产业关联还是技术溢出，相关的研究都没有进行深入探析，而这些要素恰恰是城市群形成与发展的最根本的原因。如果只是简单地将城市罗列到一起，那么这个相互缺乏经济关联性的多个城市还不足以形成城市群。从这个意义上来说，现有的研究缺乏从最微观的要素分析城市群的理论，更加缺乏对城市群效应的评估以及城市群深化和广化发展对城市效率的影响。

最后，除了理论不足之外，现有关于城市群效率的研究中更加侧重对城市群综合效率或者单个因素效率的分析，没有能够深入对城市群形成所产生的土地利用效率、人力资本效应、产业集聚效应等因素进行分解研究，更不用谈及城际交通网络所代表的城市群深化发展以及城市群规模扩大所代表的城市群广化发展对城市效率的影响。由于对城市群深化发展和广化发展研究的不足，可能会导致城市群只是简单地将各个城市罗列在一起争取国家政策的扶持，而没有能够关注城市群发展过程中影响城市效率最为关键性的因素。这种思维会进一步导致城市群发展没有明确的目标，促使城市效率出现严重的损失。现有研究在评价手段上更是采用相对较为单一、陈旧的研究方法，无助于城市群向更高层次发展。

整体而言，现有城市群的研究对城市群为何会形成、城市群效应如何、城市效率直接影响因素有哪些、城市群深化发展与广化发展如何影响城市效率等问题都没有很好地做出回答。鉴于此，本书将重点研究城市群形成与效率理论、城市效率与城市群效应以及城市群深化与广化发展对城市效率的影响等内容。

第三节　研究内容与方法

城市群的发展是现代经济增长的重要引擎，毫无疑问，城市群的发展水平如何将影响着城市的效率，而这也将直接影响着区域经济发展以及宏观经济发展的质量。本书从城市群的形成出发，通过构建扩展型城市群形成与效率模型，从城市群形成效应、城市群深化发展效应以及城市群广化发展效率三个角度来探讨城市群对城市效率的影响。本书的研究内容、研究方法以及结构都将围绕着这三个角度来展开。

一　本书的研究内容

根据现有研究的不足，本书将重点研究城市结构体系、城市群形成与效率理论、长三角城市群城市效率与城市群效率评估、长三角城市群城际交通（城市群深化发展）与城市效率评估以及长三角城市群规模扩大（城市群广化发展）与城市效率评估等内容。具体内容如下：

（一）城市群形成基础理论

本书研究城市群效率问题，需要以城市群的形成与发展为基础。从现有的研究来看，除 Mori（1997）等文献之外，罕有文献对城市群形成的理论基础进行深入研究。城市群的形成并非是一蹴而就的，其形成由最初的单中心城市到多中心城市，逐步拓展到多个城市形成的城市体系，最终才形成城市群。城市群理论研究的基础，为本书第二章的主要研究内容。在本部分的研究中，首先从 Thünen-Alonso "孤立岛"模型这一城市理论模型的雏形开始，其次分析 Henderson 城市模型，最后分析 Fujita-Ogawa 非单中心城市模型和以新经济地理学为基础的 Mori 多城市模型。通过对城市群发展的理论梳理，提炼出城市群理论中土地租金、城市规模等内容，从而为第三章的城市群形成与效率理论做铺垫。

（二）城市群的形成与效率理论研究

本书第三章重点研究城市群的形成机理与城市群形成之后的效率评估。在研究过程中，本书选择长三角城市群来说明相应的问题，并最终通过长三角城市群的研究为中国其他城市群的发展提供经验与指导。在构建城市群形成与效率理论时，首先，对长三角城市群的形成进行了回顾，以便抽象出长三角城市群发展过程中的核心。其次，对长三角城市群的演化与效率进行了分析，将城市群形成、发展与效率相结合。在此基础上，构建一个以长三角城市群为原型的"扩展型城市群"模型。第三章研究主要回答三个问题：第一，长三角城市群如何形成？第二，长三角城市群是如何演化的？第三，长三角城市群形成会对城市效率带来哪些方面的影响？第三章通过对长三角城市群的形成与发展提炼，构建了城市群形成与效率模型，从而为下文的计量检验提供理论基础。

（三）长三角城市群效应评估

本书第四章对长三角城市群的城市效率的影响因素、长三角城市群效应以及城市群形成等问题进行了深入分析。首先，通过对影响城市效率的土地利用效率、人力资本效应以及产业集聚效应进行计量分析，分析影响效率的直接因素。其次，从长三角城市群的发展来看，长三角城市群经历了两次大的扩容，而这也为城市群效应的影响提供了准自然实验。通过加入长三角城市群这一虚拟变量，分析加入长三角城市群是否促进城市效率提高，以及是否通过土地利用效率、人力资本效应和产业集聚效应等促进长三角城市效率的提高，即是否对城市效率形成间接效应。最后，通过对长三角城市群形成对核心区与辐射区成员之间的效率差异影响来验证加入长三角城市群是否有利于城市效率的提高。第四章主要回答了三个问题：第一，哪些因素影响城市效率？第二，加入长三角城市群能否影响这些相关因素，从而促进城市效率提高？第三，加入长三角城市群后，对区域内城市效率差异产生怎样的影响？

（四）长三角城市群深化与广化发展

本书的第五章和第六章分别从城市群深化发展和城市群广化发展两个角度分析城市群发展对城市效率的影响。毫无疑问，城市群形成只是城市群发展的最初级阶段，城市群形成之后自然要考虑城市群的未来。城市群的深化发展以城际交通网络发展作为代表，而城市群的广化发展

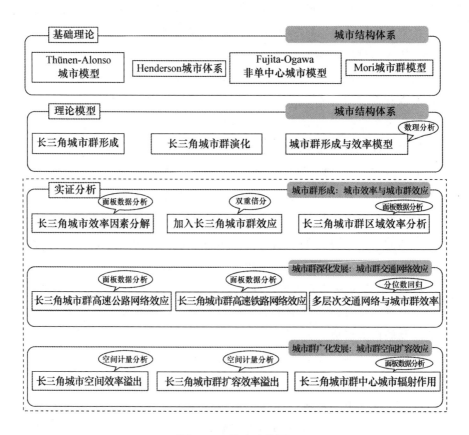

图1—1 技术路线图

则是以城市群规模扩大为代表。在第五章的城市群深化发展的研究中，本书主要回答了三个问题：长三角城市群的高速公路网络建设对城市效率的影响如何？长三角城市群的高速铁路发展对城市效率的影响如何？以及如何通过多层次的交通网络发展形成多层级的"核心—边缘"结构？而在第六章城市群广化发展的研究中，回答四个基本问题：长三角城市群效率是否存在空间溢出？如果存在溢出，在城市群扩容后城市效率溢出受到怎样的影响？哪些城市从城市群扩容中获得更多的空间效率溢出？长三角城市群扩容是否合理？

二 主要的研究方法

本书研究中采用规范的现代经济学研究方式，既包含以数理模型为基础的理论研究，同时也包括以数据开展为基础的现代计量检验。根据研究的需要，本书采用以下六种研究方法：

（一）文献综述法

本书从经典的文献研究中选择现有研究的不足作为自己的主攻方向，文献综述法在本书的第一章以及第二章中有所体现。

（二）数理分析

本书拟在新经济地理学的基础上构建不同于 Mori（1997）的数理模型，并拟在该数理模型基础上考察效率问题。在数理推导的过程中，本书采用 MAPLE 进行符号运算处理，并对一般均衡方程组进行分析。在本书的第三章中将会多次利用到此种研究方法。

（三）双重倍差估计方法

双重倍差估计方法（DID）是现代经济学研究中的重要方法，其在评估政策方面具有极其重要的意义。长三角城市群发展经历了多个阶段，采用 DID 这种研究方法能够更加合理地评估加入长三角城市群对城市效率的影响，让本书的研究结论更具有现实意义。在本书的第四章第二节中将使用 DID 的分析方法。

（四）分位数回归

分位数回归同样是现代经济学的重要研究方法，该研究方法的最大好处是能够对样本进行排序分析。本书研究中使用面板数据，可以将时间序与分位数回归相结合，从而判断动态变化。在本书的第五章第三节中，使用了这样一种研究方法来评估城际交通网络的发展对城市效率的影响。

（五）空间计量分析

尽管近些年兴起的空间计量经济学研究对一些问题的研究并不能算完美，但是在研究扩散或者溢出等问题时还是比较合适的，相比传统的计量经济学更能说明问题。在本书的第六章中主要探讨了城市群扩容对城市效率空间溢出的影响，因而该章大幅使用了空间计量方法。

（六）面板数据分析

由于长三角城市群的扩容时间并不算长，同时又包括多个城市，因而在本书的研究中采用了比较经典的面板分析以增加样本量，尤其是在本书的第四章、第五章以及第六章中都有大篇幅的使用。

第四节　可能的创新与研究展望

本书的主要研究包括城市群形成与效率理论、长三角城市群形成与城市效率、长三角城际交通网络发展与城市效率以及长三角城市群规模与城市效率的计量分析。

一　可能的创新之处

本书可能的创新包括以下三个方面：

第一，构建扩展型城市群模型。从城市群形成与发展的理论上来看，当前仅有 Mori（1997）等极少数研究对城市群的形成进行理论模型的分析，但他的研究中更多考虑新城市的出现而促成城市群形成。本书在第三章第三节所建立的扩展型城市群模型则强调原有城市规模的变大而引起的城市群形成，而不是新城市的出现。同时，本书突破以往的分析范式，从理论上分析城市群形成过程中带来的土地利用效率、产业集聚效应、人力资本效应，城市群深化发展过程中城际交通网络对城市效率的影响，以及城市群广化发展过程中城市规模的扩大对城市效率空间溢出的理论。

第二，使用准自然实验对城市群效应进行评估。从 2010 年开始，长三角城市群在不断地扩容，本质上而言这是很好的自然实验，但是鲜有文献对这种扩容进行评估。本书中采用了 DID 分析方法对加入城市群后的土地利用效率、产业集聚效应、人力资本效应等进行了评估，并对城市群扩容对城市效率影响的直接效应和间接效应进行评估。

第三，使用城市群交通网络和城市效率的空间溢出对城市群的深化发展和广化发展进行评估。尽管目前有大量的文献对城市群的城际交通网络以及城市空间溢出进行了研究，但是截至目前罕有文献对城市群中的高速公路网、高速铁路网进行评估。本书研究中通过大量的计算得到了高速公路和高速铁路网络值，并进行评估。此外，本书中对城市群形成后的效率空间溢出进行了评估，从而判断长三角城市群形成是否合理。

二 研究展望

本书采用经济学的规范研究方法，构建了数理模型提出假说后，利用长三角城市群的数据对长三角城市群的形成与效率进行评估。尽管文中采用规范的数理分析和现代计量分析方法，但是仍然存在着一些不足之处，这些不足之处也将成为未来研究的重要方向。

首先，本书并未对安徽省整体加入进行一个评估。安徽省的加入在某种意义上使原来的"长三角"变为了"长四角"，从而改变了城市群原有的空间结构。这种从"三角"变为"四角"导致网络更加复杂化。而在本书的研究期间，由于无法得到 2014 年安徽整体加入后的数据，因而缺乏对安徽省加入后的整体评估。

其次，本书研究中所涉及的交通网络并不是一个十分理想的分析。理想的交通网络分析应该包括点到点城市交通的所有情形，而不仅仅是考虑几条干道线对城市的影响。此外，理想的分析中应该有更加细化的涉及县级城市的分析。但是，受于数据的限制，目前尚无法对这种交通网络进行更进一步的描述和分析，这是本书未来研究的一个方向。

最后，本书研究中没有构建一个理想的空间一般均衡模型。对于本书的研究而言，理想的一般均衡模型中应当包括中国多个城市群，这样可以考虑要素和产业在整个经济系统中的流动，同时分析长三角城市群的发展对其他城市群发展的影响。但是，受于技术的限制，目前尚无法构建这样一个理想的多城市群模型。所幸的是，本书将一些内容作为外生变量，理论模型能够满足研究的需要。当然，这也将成为本书未来研究的又一个重要方向。

第 二 章

城市结构体系：从单中心
城市到城市群

经济由城市体系组成的理论观点源于中心规划理论（central plan theory），而现代城市体系是一个复杂的体系，由一个个城市所组成，这些城市则是由多个中心所组成。上文已提到，城市群的形成从单个的"城"或"市"开始发展，逐步发展成"城市"。随着城市的发展，城市出现了多中心。多个城市规模不断扩大，则出现连片的现象，最终形成有着较强经济往来的城市群。本章为全书的基础理论，将重点回归经典的城市经济学领域的理论模型，这些模型将为第三章构建城市群形成与效率理论模型提供基础。本章结构具体安排如下：首先，介绍 Thünen-Alonso"孤立岛"城市模型，确定单个城市的形成；其次，介绍 Henderson 城市体系，由此确定城市发展的最优规模；再次，介绍"Fujita-Ogawa 非单中心城市模型"，内生确定城市的中央商务区（CBD），并确定双中心城市模型和多中心城市模型；最后，介绍 Mori 城市群模型，由此分析新城市的形成与城市群的形成。

第一节 Thünen-Alonso "孤立岛" 城市模型

1826 年，Von Thünen 出版了空间经济学领域中具有重要影响力的著作——《孤立国同农业和国民经济的关系：关于谷物价格、土地肥力和征税对农业影响的研究》，在 1842 年再版时定为《孤立国同农业和国民经济的关系》（简称《孤立国》）的第一卷。《孤立国》由三卷组成,第二卷主要讲述了自然工资、利率与地租的关系,第三卷则讲述地租原理和其他相关问题。其中,第二卷第二章以及第三卷由德国经济学家 Hermann 根据 Von Thünen 的遗稿整理加工完成。《孤立国》一书是空间经济学的一个尝试,但并没有引起主流经济学的关注。值得庆幸的是,Alonso(1964)以该文为基础,构建了城市经济学的全新领域。正是由于 Von Thünen 和 Alonso 在分析土地租金方面具有相似性,不妨将两者共同点提出,并将之合称为 Thünen-Alonso "孤立岛" 城市模型。

一　Von Thünen "孤立岛" 模型

Von Thünen(1826)在《孤立国》一书中对各种作物的区位有着大量的数学计算,通过计算农作物在离城市中心不同距离时的收入以及支出确定农作物的纯收益,从而确定农业生产的区位。Von Thünen 在《孤立国》中重点解释了 "杜能环",尽管他对 "杜能环" 的解释采用了数学计算,但并没有建立数学模型。现在所看到的农业区位理论的分析,主要来源于 Von Thünen 的思想。

(一)基本假设

Von Thünen 的农业区位论有着很强的假设条件:(1)假设城市孤立,离城市最远的荒郊与外界隔绝;(2)城市位于平原地区的中心位置,没有通航河流;(3)平原肥沃均匀,各处都适合耕作;(4)城市食品完全依赖周边地区供给;(5)所需金属和食盐的矿山和盐场在城市中心附近。Von Thünen 的假设条件可以概括为:单一地区、唯一运输方式、均质土地。除此之外,Von Thünen 在推演过程中暗含 "理性经济人" 的假设,产品价格、劳动成本等没有价格波动,运费与运输距离成正比等。

(二)理论模型

Von Thünen 在《孤立国》中计算出不同区位农作物生产的收入和支出之间的差额,即 "地租"。根据 Von Thünen 的计算,可以将地租归纳为:

$$R = pq - (cq + \lambda dq) \tag{2.1}$$

其中，R 表示某区位的地租租金，p 表示产品售价，q 为产品产量，c 为产品生产费，d 为某区位至中心城市的距离，λ为单位产品单位距离的运费率。假定中心地区为 O 点，运输距离为横轴，土地租金为纵轴。根据（2.1）式，可以得出某区位生产的界限距离，并得出地租租金与运输距离的关系图（如图 2—1 所示）。

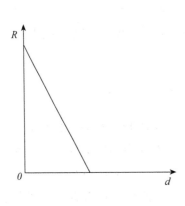

图 2—1 地租与运输距离之间的关系

如果存在两种作物，并且单位运输距离的运费率λ并不相等，两种作物的区位又应该如何选择呢？图 2—2 给出了地租、运输距离与作物区位选择的图形。假定作物 1 的运费率相对较高，那么在运输距离小于 OB 时，作物 1 的地租租金总是高于作物 2；而在运输距离大于 OB 时，作物 2 所获得的地租租金总是高于作物 1。换句话说，作物 1 的生产区位应该更加接近于中心地区，而作物 2 应该根据远离中心地区。作物 1 生产的区域则为以 O 为原点，OB 为半径所

形成的圆；而作物 2 生产的区位则是以 O 为原点，OC 为外径、OB 为内径所形成的圆环。

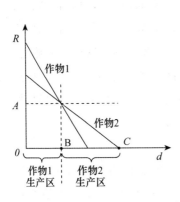

图 2—2 地租、运输距离与作物区位的选择

Von Thünen 根据自己种植农产的经验，通过大量的计算在《孤立国》中提出了"杜能环"，由内至外分为六圈，依次为：自由农作区、林区、作物轮作区、谷草轮作区、三区轮作区以及畜牧区（见图 2—3）。

（三）"杜能环"与城市经济

虽然"杜能环"只是说明了农业区位，但很容易通过"杜能环"扩展到城市。在古典的区位论中，地理距离是影响区位最为关键性的要素。与农业经济相比，工业经济具有土地集约的特性，同时原材料的运输和产成品的运输也是增加的。更为关键的是，工业经济对市场有着更强的

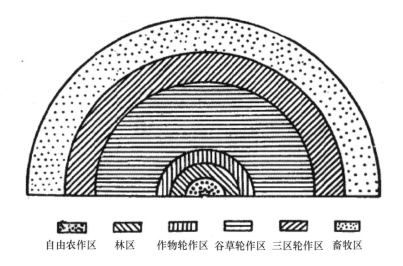

自由农作区　　林区　　作物轮作区　　谷草轮作区　三区轮作区　畜牧区

图2—3　标准"杜能环"（半个图）

接近意愿。在这样的背景下，不难发现，工业企业相比农业更加愿意靠近城市中心地区，并且其高产值也能够支付更高的租金。随着工业经济的快速发展，工业的比重将逐步增加，对城市周边的土地使用也会增加。由此"杜能环"中的最中心成了城市中心、中间部分成了工业区，而最边缘地区成了农业区，构成了典型的"城市—城郊—农村"的现代经济区域。

"杜能环"模型非常浅显，但是其巧妙深刻之处在于引入了地租梯度和运输成本来分析经济人的微观决策是如何构成城市的层级结构。Alonso（1964）依据这一思想构建城市经济学模型，模型中使用通勤者代替农民，同时用中央商务区（Central Business District，CBD）替代农业区位论中的城市。在这个模型中，距离同样得到了重视，通勤成本的高低与距离有着直接的关联。以到市中心的距离来表示区位，越接近市中心交通费用就越少，这与 Von Thünen 的模型十分相似（李天健等，2015）。本质上而言，Von Thünen 只是城市经济学的雏形，虽然其思想可以得到更多的扩展，但并未对城市经济学中的本质内容土地、住房、通勤成本等有着直接的说明，因此不足以成为城市经济学的开创性工作。

二 Alonso 地租竞价模型

Alonso（1964）假设城市是一个简化的城市，城市坐落在均质平原上，并且交通运输在各个方向都具有可达性。商品、服务以及与之相关的就业都集中在城市中心地区。土地使用用途没有特别限制，可以自由买卖，且个人对区位土地价格有着足够的了解。此外，城市公共部门和税率在城市内部是统一的。在 Alonso 模型中，CBD 被简化为一个点来看待，整个空间假设为均质。这样，空间中任意区位的空间特征就是其与 CBD 之间的距离。

（一）住户行为

住户的收入主要用于三个方面的支出：（1）土地成本，假定土地价格为 $P(t)$，随着距离城市中心距离 t 的增加而降低，即 $dP(t)/dt < 0$，消费者购买土地数量为 q，总支出为 $P(t)q$；（2）通勤成本，随着距离城市中心距离 t 的增加而增加，$k(t)$；（3）其他支出，用于购买其他 n 种商品，假设商品的购买数量分别为 z_1，$z_2 \cdots z_n$，对应的价格分别为 p_1，$p_2 \cdots p_n$。为简化，假定这 n 种商品为综合商品 z，数量为 z，价格为 p_z。消费者在购买土地、支付通勤成本以及购买综合商品 z 后效用函数设定为：

$$u = u(z, q, t) \tag{2.2}$$

对应地，如果消费者收入为 y，不存在储蓄漏出时，则得到消费者的预算约束函数：

$$y = p_z z + P(t)q + k(t) \tag{2.3}$$

（二）厂商行为

假定厂商经营收入与厂商的区位以及所占用的销售、陈列、停车和存货的场地大小 q 有着直接的关联，不妨设为经营收入：

$$V = V(t, q) \tag{2.4}$$

厂商的经营成本同样取决于区位 t 以及经营场所的规模 q，并且企业的经营成本与企业的经营收入 V 也有着直接的关联。影响经营成本的三个因素还是比较容易理解的，比如企业的经营成本受区位影响，比较明显的是企业区位直接影响着企业的原材料的仓储以及运输的成本。因此，可以设定企业的经营成本：

$$C = C(V,t,q) \qquad (2.5)$$

除此之外，厂商经营需要占用土地，为了考察土地租金，从企业的总成本中单独列出厂商需要支付的租金：

$$R = P(t)q \qquad (2.6)$$

从而可以得到企业的利润函数：

$$G = V(t,q) - C(V,t,q) - P(t)q \qquad (2.7)$$

（三）一般均衡分析

在 Alonso（1964）的研究中对住户的区位竞争和厂商的区位竞争进行了详细的分析，其经典著作中更是探讨了农业地租、城市厂商竞价曲线和居民竞价曲线等内容，在研究中采用博弈的分析方法。根据（2.2）式以及（2.3）式，可以得到均衡时作为住户个体选择的市中心的距离和综合商品之间的边际替代率等于边际成本之比，即：

$$u_t / u_z = (q\mathrm{d}P/\mathrm{d}t + \mathrm{d}k/\mathrm{d}t)/p_z \qquad (2.8)$$

其中，$u_t = \partial u/\partial t$，$u_z = \partial u/\partial z$。对于住户个人 i 选择不同的区位，其满足：

$$u_t/u_z = \left[q\mathrm{d}p_i(t)/\mathrm{d}t + \mathrm{d}k/\mathrm{d}t \right]/p_z \tag{2.9}$$

从（2.9）式可以看出，消费者的竞价处于这样一个水平，即消费者所选择的区位无偏好，通过获得便宜的土地收入效应，来抵销通勤成本导致收入降低的效应。换句话说，消费者选择的某一区位，如果距离中心城市较近，那么他需要付出较高的土地成本，但其可以支付较少的通勤成本；而如果消费者距离中心城市较远，那么他需要支付较少的土地成本，同时也需要支付较高的通勤成本。总之，均衡时消费者在每一个区位的通勤成本与土地成本总和都应该是相等的。同样，城市厂商的竞价曲线以及农业的竞价曲线与居民的竞价曲线也是相似的。

同样，在给定函数 $P(t)$ 时，最大化利润（2.7）式，从而得到：

$$0 = V_q - C_V V_q - C_q - \partial P \tag{2.10}$$

厂商均衡时边际成本等于边际收入，从（2.10）式中可以看出。而如果对（2.7）式求导，考虑厂商区位竞争，则可以得到区位方程：

$$0 = V_t - C_V V_t - C_t - q\mathrm{d}P/\mathrm{d}t \tag{2.11}$$

即在 t 区位的土地价格应该满足（2.11）式所阐述的关系，从中可以得到厂商竞价曲线的斜率 $\mathrm{d}P/\mathrm{d}t = (V_t - C_V V_t - C_t)/q$。同样，根据（2.9）式可以得到个人住户的竞价曲线斜率。均衡时，两者斜率应该相等。对应地，在四人和七人的博弈模型中，Alonso（1964）得到了这样的结论：类似于 Von Thünen 环的城市土地利用，厂商选择距离市中心最近处，住户距离次之，而农场主则选择距离市中心最远处，这也构成了单中心城市的基本形态。并且，在考虑凹凸性时结论同样成立。

第二节 Henderson 城市体系

Henderson（1974）构建了城市体系模型，该模型对城市内部的消费活动与生产活动进行一般均衡分析。他将整个经济视为一个城市体系，即城市的集合。在 Henderson 的研究中，对城市的最优规模进行了详细的分析，并且对城市为何表现出规模大小不同进行了剖析。为了说明城市体系，Henderson 首先从单类型城市开始说明，随后进行了扩展，研究了多种类型城市。

一 基本假设

假设资本和劳动力是稀缺资源，在一国或地区的数量固定，并且可以自由流动。当然，要素在不同的城市间流动始终保持价格均等。假定这个经济体（国家或地区）同样坐落在一个平原上，而且土地面积足够大。换句话说，土地不是稀缺资源，并且在边界的土地成本甚至可以低至零。每个城市生产特定商品，并且以固定的价格向其他城市或地区出售。同样，该城市以固定价格进口其他商品。

二 生产者行为

假定厂商由于外部性而具有规模报酬递增，生产一种可以贸易的商品 1，数量为 X_1。城市内的产业生产函数：

$$X_1^{1-\rho_1} = L_1^{\alpha_1} K_1^{\beta_1} N_1^{\delta_1} \tag{2.12}$$

其中，L_1、K_1、N_1 分别为生产商品 X_1 所投入的家庭或土地区位（home or land sites）、资本和劳动力的投入数量。ρ_1 为规模报酬递增程度，并且 $\alpha_1 + \beta_1 + \delta_1 = 1$。城市中第二种产品是非贸易品为商品 3，为城市工人居住的住房，其价格随着城市规模的变化而变化：

$$X_3 = L_3^{\alpha_3} K_3^{\beta_3} N_3^{\delta_3} \tag{2.13}$$

同样，L_3、K_3、N_3 分别为生产商品 X_3 所投入的家庭或土地区位、资本和劳动力的投入数量，并且 $\alpha_3 + \beta_3 + \delta_3 = 1$。家庭或土地区位是商品 X_1 和 X_3 的中间投入品，由原始土地和劳动者的通勤到 CBD 的时间所构成。这个区位随着城市规模的扩大所带来的距离增加和拥挤的增加而增加。为此，可以得到：

$$(L_1 + L_3)^{1-z} \equiv L^{1-z} = N_0 \qquad (2.14)$$

z 表示规模报酬递减，并且假定 $1/(1-z) = N^m$。其中，$m \in (-1, 0)$，N 为城市人口数量。给定城市劳动力 N、资本 K 以及区位数量 L，可以得到：

$$\begin{cases} N_0 + N_1 + N_3 = N \\ K_1 + K_3 = K \\ L_1 + L_3 = L \end{cases} \qquad (2.15)$$

三 消费者行为

消费者所消费的商品 1 和商品 3 由自己所居住和工作的城市来提供，而商品 2 由其他国家或地区来提供。前文中已经假定所消费的商品 2 价格为固定，假定其价格为 q_2，该城市消费的商品 2 的数量为 X_2。

假定劳动者居住和工作在同一城市，并且其收入全部用于在城市消费。资本所有者所获得的资本收益并不限于在何处，这就可能出现两种情况：（A）城市资本所有者和劳动者为同一个人，在该城市工作并在该城市消费，为简化假定资本与劳动力比例固定，即 K/N 为常数，人均拥有资本量固定；（B）城市资本所有者为独立群体，并不像普通劳动者那样工作。代表性消费者效应函数：

$$U = x_1^a x_2^b x_3^c \qquad (2.16)$$

在 A 假设下，消费者预算约束：$y = p_N + p_K K/N$；在 B 假设下，消费者预算约束:$y = p_N$。其中,p 为对应要素的价格。对整个城市而言,消费支出为 $Y = Ny$。最优化消费者效应函数(2.16)式,可以得到城市消费者对三种商品的需求量分别为:

$$X_1^C = aY/q_1, \quad X_2^C = bY/q_2, \quad X_3^C = cY/q_3 \qquad (2.17)$$

将(2.17)式代入(2.16)式,则可以得到消费者的间接效应函数:

$$U = a^a b^b c^c y q_1^{-a} q_2^{-b} q_3^{-c} \qquad (2.18)$$

收支均衡时,

$$X_1^P q_1 - X_1^C q_1 = X_2^C q_2 + k p_k K \qquad (2.19)$$

如果 $k = 0$,则(2.19)式为 A 假设下的消费预算;如果 $k = 1$,则(2.19)式回到在 B 假设下的消费预算。

四　一般均衡分析

如果资本所有者是假设 B 的情况,则在这个城市体系中无须考虑资本收益使用的问题,仅需要知道资本的价格为 p_K 就可以了。对于消费者而言,其收入由于只有劳动收入,因此分析劳动收入所带来的间接效应 U_N 就足够了。但是,如果资本所有者的情况是假设 A 的话,那么资本所有者和劳动所有者,在给定资本回报率 $\overline{pK}$ 以及居民人均资本数量 $\overline{K/N}$,从而可以得到消费者的从劳动收入所获得的效应函数 U_N 和从资本收入所获得的效应函数 U_K 分别为:

$$U_N = a^a b^b c^c p_N q_1^{-a} q_2^{-b} q_3^{-c}, \quad U_K = a^a b^b c^c \overline{pK} \ \overline{K/N} q_1^{-a} q_2^{-b} q_3^{-c} \qquad (2.20)$$

根据(2.12)式—(2.20)式,可以得到:

$$\begin{cases} \dfrac{\partial p_K}{\partial N} = N^{m-1} p_K \dfrac{\alpha_1 m}{\rho_1 - 1} \Big[\log t - 1/m + \dfrac{\alpha_1 - \rho_1}{\alpha_1 - m} N^{-m} - \log N \Big] \\[3mm] \dfrac{\partial U_K}{\partial N} = U_K N^{m-1} \left\{ \dfrac{m\big[\alpha_1 - c\alpha_1 - c\alpha_3(\rho_1 - 1)\big]}{\rho_1 - 1} \right\} \\[3mm] \qquad\qquad \times \left\{ \log t - \dfrac{1}{m} + \dfrac{(1-c)(\alpha_1 - \rho_1) + c\alpha_3(1 - \rho_1)}{m\big[\alpha_1 - c\alpha_1 - c\alpha_3(\rho_1 - 1)\big]} N^{-m} - \log N \right\} \\[3mm] \dfrac{\partial U_N}{\partial N} = \dfrac{U_N}{U_K} \dfrac{\partial U_K}{\partial N} \end{cases}$$

$$(2.21)$$

从（2.21）式中可以看到，在 N 比较小（城市规模比较小）时，随着 N 的增加居民的福利水平和资本收益都将增加。但是，伴随着增加后，负效应比较明显，最终将超过正效应，即居民的福利水平和资本收益都将减小，从而可以确定城市的最优规模。

在 Henderson 的城市体系模型中，最优规模的确定依赖于外部性来源的假定，城市的外部经济与不经济之间的合力决定了城市存在着一个最优效率规模。外部经济来源于一个城市内产业的地理集中（包括厂商间的技术溢出，劳动市场经济和中间品投入规模经济等）；外部不经济则包括单中心城市的通勤成本上升、犯罪、污染和社会冲突等不利条件。一个有限效率规模（limited efficient sizes）的城市体系，其内部的这些城市属于不同种类，专业从事不同的生产活动。专业化主要发生在单一政治辖区内的单中心城市，但一个非常大的大都市地区可能包括几个或很多个专业化的行业中心，这些行业中心周围生活着为其工作的劳动者。对于一个给定的城市规模和相关的生活成本来说，规模效应可以通过把所有地方性出口和就业集中在一个行业而得以最大化，从而收入也得以最大化。

第三节　Fujita-Ogawa 非单中心城市模型

本章第一节指出，Alonso（1964）对住户和厂商距离城市中心距离进行了分析。但是，从中发现一个问题，城市中心如何来定义？按照 Alonso

的研究，其事先假定了城市中心，这个 CBD 聚集着城市所有的工作，并且 CBD 的规模是固定不变的。但是，Fujita and Ogawa（1982）则认为这种单中心城市的假定有两个方面的不足：第一，理论模型中不应该事先假定城市中心，而应该由住户和厂商内生来决定；第二，中心城市作为就业集聚地这一假设在现实和理论研究中都显得牵强。为此，他们以微观经济为基础，构建了一个非单中心的城市模型来解决这两个方面的不足。

一　基本假设

假定城市在线性的均匀的农业土地（单位宽度）上发展，宽度足够小，从而可以将城市发展看作线性的。城市上的每个区位为单个的点 x。城市经济活动包括两个方面：家户和企业。家户为企业提供劳动力，而企业为家户提供工资作为回报，这种行为称之为部门间（between-sector）的相互作用；企业间相互作用时，获得集聚经济，这种行为称之为部门内（within-sector）的相互作用。无论是部门间的企业和劳动者的相互作用，还是部门内的企业与企业相互作用，他们都会竞用土地。城市中，劳动力市场和土地市场都是完全竞争的市场。

二　家户行为

假定城市中住户数量为 N，他们对土地和组合商品具有相同的偏好，代表性家户的效用函数：

$$U = U(S, Z) \tag{2.22}$$

其中，S 为家户对土地的消费量、Z 为家户对组合商品的消费量。并且，$\partial U/\partial S > 0$，$\partial U/\partial Z > 0$。每个家户有一个工人为厂商提供劳动力，并且劳动收入是家庭的唯一收入。假设组合商品从城市外部进口，其价格固定为 p_Z。从而，居住在 x 处，工作在 x_w 处的家户，其预算约束为：

$$W(x_w) = R(x)S + p_Z Z + t\mathrm{d}(x, x_w) \tag{2.23}$$

其中，$W(x_w)$ 是在位于 x_w 处的企业给工人提供的工资，$R(x)$ 是居住在 x 处工人支付的单位土地的租金，$d(x,x_w)$ 是工人居住地与工作地点之间的距离，可以用 $|x-x_w|$ 来表示。假定单个家户的居住面积给定，设定为 S_h。从而最优化家户的效用函数，可以得到家户对组合商品的消费量：

$$\max_{x,x_w} Z = \frac{1}{p_Z} \left[W(x_w) - R(x)S_h - td(x,x_w) \right] \tag{2.24}$$

三 企业行为

假定有 M 个独立的企业，每个企业用劳动力和土地来生产服务、信息或者商品。并且假定商品价格固定为 p_0，出口到其他城市价格保持不变。每个企业使用固定数量的劳动力 L_b 和土地 S_b，城市充分就业时，则得到企业数量：

$$M = N/L_b \tag{2.25}$$

按照 Henderson（1974）的理解，规模经济是城市存在的重要原因，同时也决定着城市规模的大小。假定规模经济只存在于企业中，为了能够测量这种规模经济，引入区位潜能方程（locational potential function），在 x 点的区位潜能方程 $F(x)$：

$$F(x) = \int b(y) e^{-\alpha d(x,y)} dy \tag{2.26}$$

其中，$b(y)$ 为在 y 点企业的密度，$d(x,y)$ 为 x 点和 y 点之间的距离，可以用 $|x-y|$ 来表示；x 点的单位土地租金为 $R(x)$；单位劳动力工资为 $W(x)$；区位潜能货币化价格设为 p_p；在 y 点企业产出为 $f(S_b, L_b)$。最大化企业利润函数：

$$\max_{x} \pi = kF(x) - R(x)S_b - W(x)L_b, k = p_0 f(S_b, L_b)\beta \tag{2.27}$$

其中, β 为区位潜能的产出系数, 即在某区位由于正外部性而带来的增加倍数。

四　一般均衡分析

城市人口假定为 N, 企业自由进出市场。均衡时, 企业获得零利润。空间均衡时的体系为 $\{h(x), b(x), R(x), W(x), P(x, x_w), U\}$。其中, $h(x)$ 为 x 点的家户密度函数, $b(x)$ 为 x 点的企业密度函数, $R(x)$ 为 x 点的租金, $W(x)$ 为 x 点的工资水平, $P(x, x_w)$ 为在 x_w 处上班但居住在 x 的家户比重, U 为家户的效用。为了得到一般均衡解, 定义住户 x 点处支付最多土地租金时:

$$\psi(x) \equiv \psi[x \mid W(x_w), U] = \max_{x_w} \left\{ \frac{1}{S_h} [W(x_w) - p_Z Z - td(x, x_w)] \mid U(S_h, Z) = U \right\}$$

$$(2.28)$$

以及企业在 x 点处支付时, 支付最多土地租金时:

$$\Phi(x) \equiv \Phi[x \mid W(x), b(x), \pi] = \frac{1}{S_b} [kF(x) - \pi - W(x) L_b] \quad (2.29)$$

在 x 点处, 土地市场均衡时需要满足: (1) $R(x) = \max\{\psi^*(x), \Phi^*(x), R_A\}$; (2) 如果 $h(x) > 0$, 则 $R(x) = \psi^*(x)$; (3) 如果 $b(x) > 0$, 则 $R(x) = \Phi^*(x)$; (4) 城市边缘, $R(x) = R_A$, 即租金等于农业租金; (5) $S_h h(x) + S_b b(x) \leq 1$; (6) 如果 $R(x) > R_A$, 则 $S_h h(x) + S_b b(x) = 1$。其中, $\psi^*(x) = \psi[x \mid W(x_w), U^*]$ 和 $\Phi^*(x) = \Phi[x \mid W(x), b(x), \pi = 0]$, R_A 为农业租金。

此外, 在 x 点处, 劳动力市场均衡条件: $b(x) L_b = \int h(y) P(y, x) dy$; 住户和企业总数量满足: $\int h(x) dx = N$; $\int b(x) dx = N/L_b$。非负约束: $h(x) \geq 0$, $b(x) \geq 0$, $R(x) \geq 0$, $W(x) \geq 0$, $P(x, x_w) \in (0, 1)$, $\int P(x, x_w) dx_w = 1$。

为了分析的方便，Fujita and Ogawa（1982）将整个区域分为三块：（1）（排他性的）居住区位，$RA = \{x \mid h(x) > 0, b(x) = 0\}$；（2）（排他性的）生产区位，$BD = \{x \mid h(x) = 0, b(x) > 0\}$；（3）混住区，$ID = \{x \mid h(x) > 0, b(x) > 0\}$。

（一）不存在混住区的单中心城市结构

如果 x 点处于 RA 区域，那么根据 $b(x) = 0$，可以得到：$h(x) = 1/S_h$；同样，如果 x 点处于 BD 区域，那么根据 $h(x) = 0$，可以得到 $b(x) = 1/S_b$。如果不存在混住区，根据上文提到的这些约束，可以得到 BD 区域和 RA 区域的边界 f_1 以及城市边缘的边界 f_2：

$$f_1 = \frac{S_b N}{2L_b}, f_2 = \frac{S_b + S_h L_b}{2L_b} N \tag{2.30}$$

假定城市为对称的结构，不妨考虑 $x \geqslant 0$ 的情况。考虑单侧时不会出现交叉通勤的情形，从而可以得到：$W(x) = W(0) - tx$。根据 $R(0) = \Phi^*(0) \geqslant \psi^*(0)$，$R(f_1) = \Phi^*(f_1) = \psi^*(f_1)$，以及 $R(f_2) = R_2 = \psi^*(f_2) \geqslant \Phi^*(f_2)$，将之代入（2.28）式 - （2.29）式，可以得到：

$$\frac{t}{k} \leqslant \min\left\{\frac{F(0) - F(f_1)}{f_1}, K\frac{F(f_1) - F(f_2)}{f_2 - f_1}\right\} \tag{2.31}$$

其中，$K = S_h/(S_b + S_h L_b)$。由此可以得到：

$$R(x) = \begin{cases} \frac{k}{S_h}[F(x) - F(f_1)] - \frac{L_b}{S_b}(f_1 - x)t + \frac{1}{S_h}(f_2 - f_1)t + R_A, x \in [0, f_1] \\ \frac{1}{S_h}(f_2 - x)t + R_A, x \in [f_1, f_2] \\ R_A, x \in (f_2, \infty) \end{cases}$$

$$\tag{2.32}$$

从（2.32）式中可以看出，只要区位潜能差别化程度与上下班成本 t

相比足够大时，那么当 x 处于 $(0,\infty)$ 总是能够取到不同的 $R(x)$ 值。换句话说，不存在混住区的城市结构是稳定的。

（二）只存在混住区的单中心城市结构

假定城市中为完全混住区，那么可以假定不存在通勤成本。从而可以得到住户和企业的密度函数：

$$h(x) = \frac{L_b}{S_b + S_h L_b}, b(x) = \frac{1}{S_b + S_h L_b}, 其中 x \in [-f_1, f_1] \qquad (2.33)$$

f_1 以及 $-f_1$ 为城市边缘，根据住户和企业数量满足的均衡条件，可以得到：

$$f_1 = (S_b + S_h L_b) N/2 L_b \qquad (2.34)$$

由于没有通勤成本，所以 $P(x, x_w) = 1$。并且，在 $x = f_1$ 或者 $x = -f_1$ 时，$R(x) = R_A$。在 $x \in [-f_1, f_1]$ 时，任意 x 点的企业和住户的租金都应该相等，即：$R(x) = \psi^*(x) = \Phi^*(x)$。将 (2.28) 式、(2.29) 式以及 (2.33) 式和 (2.34) 式代入，则：

$$R(x) = \frac{k}{S_b + S_h L_b}[F(x) - F(f_1)] + R_A \qquad (2.35)$$

在满足：$t/k \geqslant S_h(1 - e^{-2\alpha f_1})/(S_b + S_h L_b)^2$ 时，即只要潜能差别化程度与上下班成本 t 相比足够大时，只存在混住区的单中心城市结构也是稳定的。

（三）存在部分混住区的单中心城市结构

在存在部分混住区的城市结构中，其城市中心向外围扩展部分分别为混住区、生产区和居住区。不同于上文分析，这种情况下存在着三个边缘分界：混住区与生产区边界 f_1，生产区和居住区分界 f_2 以及居住区与城市边缘分界 f_3。

对应地，如果 $x \in [0, f_1]$，则：

$$h(x) = \frac{L_b}{S_b + S_h L_b}, b(x) = \frac{1}{S_b + S_h L_b} \qquad (2.36)$$

如果 $x \in [f_1, f_2]$ 或者 $x \in [-f_2, -f_1]$，则：

$$h(x) = 0, b(x) = 1/S_b \qquad (2.37)$$

如果 $x \in [f_2, f_3]$ 或者 $x \in [-f_3, -f_2]$，则：

$$h(x) = 1/S_h, b(x) = 0 \qquad (2.38)$$

并且，可以得到：

$$f_1 \in \left(0, \frac{S_b + S_h L_b}{2L_b} N_h\right), f_2 = \frac{S_h L_b}{S_b + S_h L_b} f_1 + \frac{S_b N}{2L_b}, f_3 = \frac{S_b + S_h L_b}{2L_b} N \quad (2.39)$$

对应地，在 x 处于不同区间（单侧）时，得到不同的地租值：

$$R(x) = \begin{cases} \psi^*(x) = \Phi^*(x), x \in [0, f_1] \\ \psi^*(x) \leqslant \Phi^*(x), x \in [f_1, f_2] \\ \psi^*(x) = \Phi^*(x), x = f_2 \\ \Phi^*(x) \leqslant \psi^*(x), x \in [f_2, f_3] \\ \psi^*(x) = R_A, x = f_3 \end{cases} \qquad (2.40)$$

根据 $F(x)$ 的定义，$F(x)$ 在生产区为凸，在居住区为凹，且在混住区没有上下班成本。从而：

$$K \frac{F(f_1) - F(f_3)}{f_3 - f_1} \geqslant \frac{t}{k} = K \frac{F(f_1) - F(f_2)}{f_2 - f_1}, 且 \frac{t}{k} \geqslant K |F'(f_1)| \quad (2.41)$$

同样，在满足（2.41）式时，从（2.40）式可以判断部分混住区的单中心城市也是稳定的。

（四）双中心和三中心的情形

双中心时，考虑一种情况：城市中心向外围依次为居住区 1、生产区、居住区 2。从而从 O 点开始产生 f_1（居住区 1 与生产区分界），f_2（其中一个城市中心），f_3（居住区 2 与生产区分界），f_4（居住区 2 与城市边界）四个分界点。

对应地，在 $x \in [0, f_1]$ 以及 $x \in [f_3, f_4]$ 时，

$$h(x) = \frac{1}{S_h}, b(x) = 0 \qquad (2.42)$$

在 $x \in [f_1, f_3]$ 时，

$$h(x) = 0, b(x) = \frac{1}{S_b} \qquad (2.43)$$

其中，

$$f_1 \in \left(0, \frac{S_h N}{4}\right), f_2 = \frac{S_b + S_h L_b}{S_h L_b} f_1, f_3 = f_1 + \frac{S_b N}{2L_b}, f_4 = \frac{S_b + S_h L_b}{2L_b} N \quad (2.44)$$

同样，在 t/k 满足一定条件时，对应的地租 $R(x)$ 有着均衡的解。换句话说，双中心的城市同样具有稳定性。此外，三中心城市中心向外围依次为：生产区、居住区、生产区、居住区。同样，在 t/k 满足一定条件时，对应的地租 $R(x)$ 有着均衡的解。这就表明，**无论是双中心还是三中心城市模型，只要满足一定的条件，都是稳定的**。[1]该模型基于单中心空间经济模型，隐含地得出单个城市体系将向多个城市体系转化，城市形成和城市体系演化的集聚力是制造品的种类，分散力则是城市之间及其腹地之间的运输成本。当人口超过某一临界值时，单个城市体系将向

---

① 更加详细的分析，参见 Fujita and Ogawa（1982）。

多个城市体系转化。

根据 Fujita and Ogawa（1982）的研究，城市的发展将出现三种类型的系统：第一种，每个城市只生产一种产品的专业化城市的集合；第二种，每个城市都生产两种产品的多样化城市的集合；第三种，每个城市兼有多样化和专业化的城市集合。整个结构是存在竞争的，即原有的厂商尽可能地最大化其剩余，但自由进入的厂商将迫使这种剩余最终变为零。随着通勤费用的提高，无论是多样化城市还是专业化城市的系数值的范围将有规律地发生变化；随着通勤费用的降低，城市规模的成本也下降了，这时出现的是多样化的城市。

第四节　Mori 城市群模型

截至目前，本书所分析的模型虽然已经扩展到了双中心甚至三中心，但仍然是单个城市的形成。Mori（1997）在新经济地理学的框架中构建了多城市模型，从而构成了城市群形成的基础，本节将介绍 Mori 城市群模型。

一　基本假设

假设经济体在一维没有边界的空间中，土地均匀分布密度为 1。经济体中工人同质，其数量为 N，每个工人提供 1 单位的劳动力。工人既可以在农业部门工作，也可以在工业部门工作，没有任何身份转换的成本。消费者除了包括工人之外，还包括农场主。其中，工人选择居住地时也就确定了其所选择的工种。比如，工人选择居住在农村地区，那么他将从事农业生产；如果他选择居住在城市地区，则将从事工业生产。但是，农场主只能居住在农村地区。农产品和工业品运输都存在冰山交易成本，分别为 τ_A 和 τ_M。

二　消费者行为

假定消费者的效用函数为双层效用函数，第一层效应函数为农产品和工业品组合的 Cobb-Douglas 效应函数，第二层效应函数为 CES 效用函数。对应地，消费者效应函数：

$$U = z_A^{\alpha_A} \left[\int_0^n z_M(\omega)^\rho d\omega \right]^{\alpha_M/\rho} \tag{2.45}$$

其中，z_A 为代表性消费者农产品消费量，$z_M(\omega)$ 为消费者对第 ω 种工业产品的消费量，$w \in [0, n]$，n 为消费者消费的工业产品种类数，ρ 为消费者对不同种类的工业产品多样性的偏好程度，$\alpha_A + \alpha_M = 1$。消费者的预算约束函数：

$$p_A z_A + \int_0^n p_M(\omega) z_M(\omega) d\omega = Y \tag{2.46}$$

其中，p_A 为农产品的价格，$p_M(\omega)$ 为第 ω 种工业产品的价格。在预算约束（2.46）式下，最优化消费者的效应函数，从而可以得到消费者的需求函数：

$$\begin{cases} z_A = \alpha_A Y / p_A \\ z_M(\omega) = \dfrac{\alpha_M Y}{p_M(\omega)} \dfrac{p_M(\omega)^{-\gamma}}{\int_0^n p_M(\omega)^{-\gamma} d\omega} \end{cases} \tag{2.47}$$

其中，$\gamma = \rho / (1 - \rho)$。

三　生产者行为

农业部门生产中采用 Leontief 技术，生产单位农产品投入 a_A 单位劳动力和 1 单位土地；工业部门在生产工业产品时存在规模报酬递增，生产 Q 单位工业品时需要投入 L 单位劳动力。其固定投入为 f，边际投入为 a_M，即 $L = f + a_M Q$。产品运输存在冰山贸易成本，单位工业产品运输 d 时仅有 $e^{-\tau_M d}$ 单位产品到达目的地，而农产品运输同样距离仅有 $e^{-\tau_A d}$ 单位产品到达目的地。如果企业位于 x 点，产品出厂价格为 $p_M(x)$，这种商品运输到 x 点的价格：

$$p_M(y|x) = p_M(x) e^{\tau_M |y-x|} \tag{2.48}$$

给定 x 点的工资水平 $W(x)$，垄断竞争下厂商的价格：$p_M(x) = a_M W(x)/\rho$。企业利润函数：

$$\pi(x) = a_M \gamma^{-1} W(x)(Q - \gamma f/a_M) \tag{2.49}$$

最优化企业利润函数，则可以得到企业的产量为：

$$Q^* = \gamma f/a_M \tag{2.50}$$

从（2.50）式可以看出，企业的产量与企业所处的区位无关。并且，可以得到均衡时单个企业的劳动投入 $L = (1 + \gamma)f$。

四 一般均衡

（一）单一城市的一般均衡

假定所有的工业生产都在城市的中心处，即 $x = 0$ 处。农业生产在 $[-l, l]$ 区间，y 处农产品运输到城市的价格：$p_A(y) = e^{-\tau_A |y|}$。单位化 $x = 0$ 处的农产品价格，即 $p_A(0) = 1$。在 y 处的土地租金为：

$$R(y) = \max\{p_A(y) - a_A W(y), 0\} \tag{2.51}$$

很显然，在边缘区的租金 $R(l)$ 为零，从而 $W(l) = e^{-\tau_A l}/a_A$。根据（2.47）式和（2.48）式求得 $p_M(\omega)$，$p_A(y) = e^{-\tau_A |y|}$ 以及 $W(l) = e^{-\tau_A l}/a_A$，则可以求得：

$$W(y) = e^{-\alpha_M(\tau_A + \tau_M)l} e^{(\alpha_M \tau_M - \alpha_A \tau_A)|y|}/a_A \tag{2.52}$$

单位农产品需要劳动力数量为 a_A，在线性的模型中农业部门需要工人数 $N_A = 2a_A l$。在 y 处的收入：$Y(y) = a_A W(y) + R(y) = p_A(y)$。农产品市场出清时：

$$(\alpha_A / a_A) e^{-\alpha_M (\tau_A + \tau_M) l} (N - 2a_A l) = 2\alpha_M (1 - e^{-\tau_A l}) / \tau_A \qquad (2.53)$$

从 (2.53) 式中可以得到 $l^* \equiv l^*(N)$。假定厂商在 x 处生产，厂商面临的总需求量为 $D(x)$，由 (2.49) 式以及 (2.50) 式可知：$\pi(x) = a_M \gamma^{-1} W(x)[D(x) - Q^*]$。定义厂商的市场潜能方程：$\Omega(x) = D(x) / Q^*$，根据 (2.47) 式、(2.48) 式以及 (2.50) 式，可以得到：

$$\Omega(x) = \frac{(1-\rho)/f}{W(x)^{\gamma+1}} \left\{ \frac{\alpha_M W(0) N_M}{n W(0)^{-\gamma}} e^{-\gamma \tau_M |x|} + \int_{-l}^{l} \frac{\alpha_M p_A(y) e^{-\gamma \tau_M |y-x|}}{n W(0)^{-\gamma} e^{-\gamma \tau_M |y|}} dy \right\}$$
$$(2.54)$$

其中，式中的 $1/W(x)^{\gamma+1}$ 为厂商在 x 处生产时劳动成本的优势，$\alpha_M W(0) N_M \equiv \alpha_M Y(0)$ 为城市中工业品的市场规模，$e^{-\gamma \tau_M |x|}$ 为 x 处生产接近市场的能力，$n W(0)^{-\gamma}$ 为厂商生产所面临的竞争。这也说明企业在某处生产时所面临的三个方面的力量：劳动力优势（工资拉力）、市场规模和可达性（需求拉力）以及竞争程度。从 (2.52) 式以及 (2.54) 式中可以看出，如果 $\alpha_M \tau_M > \alpha_A \tau_A$，工资成为促使企业向城市集聚的聚集力；否则工资成为促使企业远离城市的分散力。根据 (2.54) 式，可以得到城市市场潜能斜率：

$$\Omega'(0_+) \equiv \lim_{x \downarrow 0} \partial \Omega / \partial x = -\{(1+\rho)\alpha_M \tau_M - \alpha_A \tau_A\} / (1-\rho) \qquad (2.55)$$

从 (2.55) 式可以发现，在 τ_M 比较大或者比较小时，厂商的区位都具有不稳定性，促进厂商远离城市。换句话说，在这种情况下，单一城市是不稳定的，会出现多城市的城市体系。

（二）城市群一般均衡

借助于数值模拟，Mori（1997）指出在 τ_M 比较大时，随着冰山交易成本下降，将会出现分散的多城市结构（discrete-multi-city structure）；而在 τ_M 比较小时，随着冰山交易成本下降，则在原有的城市与城市之间会出现新的城市，两个城市之间由工业带所连接，从而形成城市群

(Megalopolis)。而城市群的形成，主要是由于在边缘地区的潜能曲线向上移动。

假设城市群中有两个规模相等的城市，每个城市的人口数为 N_b，并且企业位于 $y = \pm b$。每一个城市都同时生产农产品和工业品，$y \in (-b, b)$，工业品种类数 $n_M(y)$。假定农产品在每一个地区生产，并在当地消费。假设农产品贸易没有成本，从而农产品在 y 点的价格 $p_A(y) = \exp(-\tau_A | b - |y||)$。对应地，在 y 点工业品的价格指数：

$$
\begin{aligned}
T_M(y) = [f(1+\gamma)]^{\frac{1}{\gamma}} \quad \frac{a_M}{\rho} &\Big\{ \int_{-b}^{b} N(s) W(s)^{-\gamma} e^{-\gamma \tau_M |y-s|} \mathrm{d}s \\
&+ N_b W(b)^{-\gamma} (e^{-\gamma \tau_M |y-b|} + e^{-\gamma \tau_M |y+b|}) \Big\}^{-1/\gamma}
\end{aligned} \tag{2.56}
$$

根据边缘地区租金为零的条件，$R(\pm l) = 0$，并且工人在任意的 y 点获得相同的工资。从而，

$$
W(y) = p_A(l)^{\alpha_M} p_A(y)^{\alpha_A} [T_M(y)/T_M(l)]^{\alpha_M}/a_A \tag{2.57}
$$

农产品市场均衡时，在城市 b 处可以得到：$\alpha_A N_b W(b) = (1 - \alpha_A) \int_b^l \exp[-\tau_A(y-b)] \mathrm{d}y$，解方程得到城市人口数量：

$$
N_b = \frac{\alpha_M a_A}{\alpha_A \tau_A} \{ \exp[\alpha_M(\tau_A + \tau_M)(l-b)] - \exp[(\alpha_M \tau_M - \alpha_A \tau_A)(l-b)] \} \tag{2.58}
$$

而在 $(-b, b)$ 区间，农产品供给等于需求时 $\alpha_A N_M(y) W(y)/p_A(y) = 1 - \alpha_A$，从而：

$$
N_M(y) \equiv n_M(y) f(1+\gamma) = (\alpha_M/\alpha_A)[p_A(y)/W(y)] \tag{2.59}
$$

此外，在 x 点处对工业品的需求：

$$D(x) = \int_{-l}^{l} Z(x,y)\,\mathrm{d}y \tag{2.60}$$

工业品市场出清条件为 $\Omega(x)=1$，根据（2.50），即 $Q^* = \int_{-l}^{l} Z(x,y)\,\mathrm{d}y = \gamma f/a_M$。劳动力市场出清时：

$$2\left[N_b + \int_0^b N_M(y)\,\mathrm{d}y\right] = N - 2a_A l \tag{2.61}$$

根据（2.50）式、（2.54）式、（2.57）式、（2.58）式、（2.60）式、（2.61）式，可以得到均衡解 l^*。这也表明城市群是存在一般均衡解的，多中心城市群形成。

Mori 的模型采用演化的方法，通过对经济空间的动态调整，明确地分析新城市形成的动态过程，考察随着人口的增长经济空间是如何演进的。在该模型中，城市体系的演进从单中心城市开始，每种产业有不同的市场潜力曲线。随着人口的增长和农业区的扩展，弹性最高的产业的市场潜力曲线最先在某一区位达到临界值，该类产业的厂商就会在市场潜力临界值地区办厂，并形成层级最低的城市；随着人口和农业区的进一步增长和扩展，弹性次高的产业的市场潜力曲线也会在某一层级最低的地区达到临界值，此时，该类产业的厂商就会到这个地区办厂，从而形成层级次低的城市。如此，经济体内形成了规则的城市层级结构。

本章主要介绍了 Thünen-Alonso "孤立岛" 城市模型、Henderson 城市体系、Fujita-Ogawa 非单中心城市模型以及 Mori 城市群模型这四个模型，按照城市发展的低级形态到高级形态的顺序逐步介绍。通过对经典模型的回顾，本书从每个模型中抽象出最核心的内容供第三章理论分析使用，具体内容如下：

（1）在存在地租竞用时，地租随着距离城市中心的距离增加而减少。因此，厂商、住户以及农场主都会选择最优的区位，厂商选择距离市中心最近处，而住户次之，农场主则选择距离市中心最远处。

（2）城市规模的大小受到分散效应和集聚效应的共同影响。在城市规模比较小时，随着城市规模的增加，居民的福利水平和资本收益都将增加。但是，随着城市规模的进一步扩大，负效应将会变得比较明显，并最终超过正效应。因此，当处于正负效应相等时，城市也就达到了最优规模。

（3）在双中心或者多中心的城市中，只要满足一定条件，始终存在着地租的均衡解。因此，无论是单中心模型还是多中心城市模型，只要满足一定条件，都是稳定的。

（4）在冰山交易成本较大时，随着冰山交易成本下降，将会出现分散的多城市结构；而当冰山交易成本较小时，随着冰山交易成本的上升，则在原有的城市与城市之间会出现新的城市，两个城市之间由工业带所连接，从而形成城市群。城市群的形成，主要是由于在边缘地区的潜能曲线向上移动。

第三章

长三角城市群效率理论研究

长三角城市群是我国最具经济活力、开放程度最高、创新能力最强、吸纳外来人口最多的区域之一，是"一带一路"与长江经济带的重要交会地带，在国家现代化建设大局和全方位开放格局中具有举足轻重的战略地位。根据中科院发布的《2010中国城市群发展报告》，长三角城市群已经成为"世界六大城市群"之一。本章主要研究长三角城市群的形成、演化与效率，结构安排如下：第一节介绍长三角城市群的形成与演化，包括长三角城市群形成的政府主导阶段与市场主导阶段；第二节介绍长三角城市群的演化与效率，重点分析中小城市人口规模的变化、大城市的边界扩张、城市群内大中城市数量变化以及长三角城市群的效率演化；第三节构建一个"扩展型城市群模型"，通过该模型说明城市群的形成、土地利用效率、产业集聚效应以及人力资本效应对城市效率的影响，城市群交通网络化（城市群深化发展）对城市效率的影响，以及城市群规模扩大（城市群广化发展）对城市效率的影响，并为第四章至第六章的研究提出相应的理论假说。

第一节　长三角城市群的形成

长江三角洲经历了由地理概念到经济概念、由小范围扩展到大范围的发展历程。长江三角洲首先是自然地理概念，指长江入海的地方，由河水所含的泥沙不断淤积而形成的低平的大致呈三角洲形的陆地，范围大致包括上海、苏州、无锡、常州、杭州、嘉兴、湖州、宁波、绍兴、南京、南通、镇江、扬州和舟山14个地级市（胡雅龙，2010）。经济概念上的长江三角洲范围一直是发展变化的，按照 2010 年编制的《长江三角洲城市群发展规划》和 2014 年公布的《国务院关于依托黄金水道推动长江经济带发展的指导意见》，长江三角洲的范围确定为三省一市：江苏省、浙江省、安徽省和上海市；长江三角洲城市群则确定为以上海为中心，南京、杭州、合肥为副中心，由联系紧密的多个城市组成的区域，主要分布于国家"两横三纵"城市化格局的优化开发和重点开发区域。

一　最初雏形："上海经济区"的形成与发展

毫无疑问，长三角是我国经济发展最为核心的地区之一。但长三角在最初形成时并非是一个完全经济意义上的经济区，而是有着很多的政府主导因素在内的经济区。1982 年，第 21 期《中华人民共和国国务院公报》（总号：395）发出了《国务院关于成立上海经济区和山西能源基地规划办公室的通知》，该通知指出"通过中心城市和工业基地把条条块块协调起来，形成合理的经济区域和经济网络……一个是以上海为中心，包括长江三角洲的苏州、无锡、常州、南通和杭州、嘉兴、湖州、宁波等城市……为了开展工作，国务院决定成立上海经济区……规划办公室……"次年，上海经济区规划办公室在上海正式成立，同年召开了会议并指出上海经济区成立的原因：一是解决条块矛盾，解放生产力；二是走依靠中心城市的路子；三是成立规划办，专门进行研究工作，发现阻碍生产力发展的原因；四是规划办是全国试验性质的（李立军，2008）。上海经济区规划办的成立标志着"上海经济区"的正式形成。这也是长三角经济圈概念的最早雏形。

按照国务院的规划，上海经济区制定经济区内的经济、社会发展规划，协调经济区和基地内部门之间、地方之间和部门与地方之间的关系，促进生产力的发展，使经济区同全国经济的发展紧密地结合起来。上海经济区的范围包括上海市、江苏省的苏州、无锡、常州、南通以及浙江省的杭州、嘉兴、湖州、宁波和绍兴共计 10 个城市以及这些城市所辖的5 个县。上海经济区在成立之初，为我国经济较为发达地区，其冶金工业占全国的 20% 左右，化工工业占全国的 27% 左右，机械工业、纺织工业占全国的比例更是分别高达 30% 和 38%。从现代经济学的角度来看，上海经济区的成立能够充分利用规模经济，形成专业化的分工并带动全国其他地区的经济发展。

为了能够更好地扩大这种优势，上海经济区在 1985 年制定了《上海经济区发展战略纲要》，同时进行了扩大，从原来的 10 市扩展到包括江苏、浙江、安徽、江西以及上海的四省一市的全部区域。扩容后上海经济区土地面积达到了 51 万平方公里，人口接近 2 亿。上海经济区不仅仅是强大的工业基地、港口基地，同时也是全国农业高速发展区域（人民日报，1985）。的确，上海经济区在形成后，其内部的经济联系不断加强。从本质上而言，上海经济区的扩容试图利用 Hirschman（1958）等发展经济学家所提到的"扩散效应"。但是，这样一个经济区的范围过大，远远超出了上海等大城市应有的辐射能力。因此，国务院在 1988 年进行机构调整时撤销上海经济区规划办也显得不足为奇。至此，中国区域经济的一次重要尝试也宣告失败。

回顾上海经济区的建设过程，上海经济区的确打破了"条块分割"（岳俊彦，1986），成立了众多的跨部门、跨地区的经济联合体、行业协会等，如银行业横向联合、机械行业横向联合、金属学会联合会的成立以及举办钢铁工业中长期规划专家座谈会等（马鄂云，1986；段乐荣，1987）。在上海经济区内，不同地区行业的横向联合以及行业与行业之间的纵向联合不断加深，这也为后期长三角城市群的形成做出了较好的铺垫。

二　三次扩容："长三角"城市群的形成与发展

上海经济区的形成从政府主导开始，在政府机构调整中结束，因此上海经济区是政府主导的行为。随着长三角经济发展，长三角内部有着强烈的合作要求。而为了促进城市间的合作往来，江苏省的苏州、无锡、常州、南通、镇江、南京以及扬州 7 市，浙江省的嘉兴、湖州、宁波、舟山、杭州以及绍兴 6 市和上海市共 14 个市经协委（办）于 1992 年顺势发起组织成立了"长江三角洲十四城市协作办（委）主任联席会"。在 1992—1996 年，共召开了五次会议。为了进一步促进长三角地区的经济往来，1997 年由上海原经济区城市经协办牵头，上述 14 市政府和新成立的泰州（从扬州地区划分出）市政府成立了"长江三角洲城市经济协调会"，长三角经济圈概念第一次被明确提出（见表 3—1）。

表 3—1 长三角城市群形成与扩容历程

时间	名称	管理协调机构	合作范围
1950 年	华东行政区	军政委员会	上海、江苏、浙江、安徽、山东、福建、台湾
1958 年	华东协作区	华东协作区委员会	上海、江苏、浙江、安徽、江西、山东、福建
1961 年	华东协作区	华东中央局	上海、江苏、浙江、安徽、江西、山东、福建
1982 年	上海经济区	上海经济区规划办公室	上海、苏州、无锡、常州、南通、杭州、嘉兴、湖州、宁波、绍兴
1986 年	上海经济区	上海经济区规划办公室	上海、江苏、浙江、安徽、江西、福建
1992 年	长三角城市	长三角城市协作办主任联席会议	上海、南京、苏州、无锡、常州、扬州、镇江、南通、杭州、嘉兴、湖州、宁波、绍兴、舟山
1996 年	长三角城市	长三角城市协作办主任联席会议	上海、南京、苏州、无锡、常州、扬州、泰州、镇江、南通、杭州、嘉兴、湖州、宁波、绍兴、舟山
1997 年	长三角城市	长三角城市经济协调会	上海、南京、苏州、无锡、常州、扬州、泰州、镇江、南通、杭州、嘉兴、湖州、宁波、绍兴、舟山
2001 年	长三角地区	沪苏浙经济合作与发展座谈会	上海、江苏、浙江
2003 年	长三角城市	长三角城市经济协调会	上海、南京、苏州、无锡、常州、扬州、泰州、镇江、南通、杭州、嘉兴、湖州、宁波、绍兴、舟山、台州
2004 年	长三角地区	沪苏浙主要领导座谈会	上海、江苏、浙江
2009 年	长三角地区	沪苏浙皖主要领导座谈会	上海、江苏、浙江、安徽

时间	名称	管理协调机构	合作范围
2010 年	长三角城市	长三角城市经济协调会	上海、南京、苏州、无锡、常州、扬州、泰州、镇江、南通、杭州、嘉兴、湖州、宁波、绍兴、舟山、台州、合肥、盐城、马鞍山、金华、淮安、衢州
2013 年	长三角城市	长三角城市经济协调会	上海、南京、苏州、无锡、常州、扬州、泰州、镇江、南通、杭州、嘉兴、湖州、宁波、绍兴、舟山、台州、合肥、盐城、马鞍山、金华、淮安、衢州、芜湖、连云港、徐州、滁州、淮南、丽水、宿迁、温州

资料来源：作者自行整理加工。

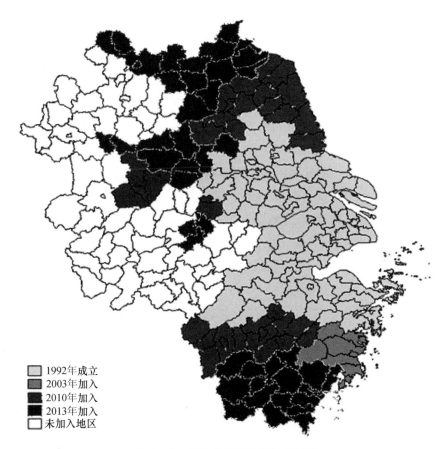

1992年成立
2003年加入
2010年加入
2013年加入
未加入地区

图 3—1　长三角城市群扩容示意图

从 1992 年长三角城市群形成后，长三角经历了经济的高速增长，增长速度远远高于全国平均水平。1995—2003 年，长三角 15 个城市年均 GDP 增长率高达 22%。为了能够更好地获得长三角城市群的"溢出效应"，外部城市纷纷提出了加入长三角城市群的申请。2003 年在南京召开的第四次会议上，浙江台州加入长三角城市经济协调会，使长三角城市由传统的 15 个扩展为 16 个，首次突破长三角地理概念，使之成为真正意义上的经济圈概念。2004 年在上海召开的长三角城市经济协调会第五次会议，在长三角区域经济合作历史上具有里程碑意义，把经协会由每两年召开一次改为每年召开一次。从 1983 年的上海经济区规划办公室，到 2005 年的长三角城市经济协调会办公室，这 22 年的演变，实质内容只有一个：长三角经济圈。2008 年 9 月，国务院发布《关于进一步推进长江三角洲地区改革开放和经济社会发展的指导意见》明确提出，长三角地区要建设成为"具有较强国际竞争力的世界级城市群"，以上海为核心的长三角城市群由此上升为国家战略。

2010 年，长三角经济协调委员会第十次会议再次扩容，加入了江苏的盐城和淮安、浙江的金华和衢州以及安徽的合肥、马鞍山这 6 个城市，长三角从传统的 16 个城市变为"16+6"的模式。

2013 年，长三角城市群迎来了第三次扩容，吸纳了江苏的连云港、徐州、宿迁三市，浙江的丽水、温州两市以及安徽的芜湖、滁州和淮南三市，形成了"江浙沪两省一市全覆盖+安徽 5 市"的模式。经过三次扩容，长三角城市群已经达到了 30 个城市，是最初长三角城市群形成时的 2 倍（图 3—1 显示整个长三角城市群的扩容过程）。[①] 经过三次扩容后，长三角奠定了我国最大的经济体的地位。2014 年，长三角三省一市的国内生产总值为 149646.51 亿元，核心区 16 城市的 GDP 达到了 10.6 万亿元，占全国 GDP 的比重高达 15%。特别是江浙沪，2014 年的人均 GDP 已经达到 1.35 万美元，是长江经济带 11 省市平均值 0.8 万美元的 1.7 倍，按世界银行的评价标准，已经进入了经济发达地区的行列。

长三角城市群用 7 年时间从原先的 16 个核心城市迅速扩容到 22 个

---

① 图示中国县级地图 shp 文件，结合 Stata 软件绘制。

城市，再用短短的 3 年时间扩容到 30 个城市。从经济基础上来看，长三角第二次和第三次扩容的城市整体经济水平相对 16 个核心城市有着较大的差距。从某种意义上来说，这两次城市群的扩张并非完全因市场需求而形成，因此长三角城市群形成后的效率值得深入研究。尤其是第二次和第三次扩容，新加入城市是否能从长三角城市群中真正地获得溢出？或者，这些城市的加入有可能拖垮原有的城市群？

第二节　长三角城市群的演化与效率

长三角城市群的形成大体经历了上述两个阶段，而在长三角城市群的发展过程中更多地以市场为主导，政府起着辅助的作用。从长三角城市群形成至今，城市规模正在不断地变化，包括城市人口增加、超特大城市边界扩张以及城市等级在不断提升。与此同时，随着城市群的深化和广化发展，长三角城市的效率也正在不断地提高。

一　长三角城市群的演化

长三角城市群从正式形成至今，已经有 24 年，并且经过三次扩容后数量扩展到 30 个城市。但是，从上文分析中也可以发现，长三角城市群的发展在近些年步伐较大，并且已经不完全是市场行为。为了说明长三角城市群的发展水平，有必要从"城市群"自省发展的角度对长三角城市群的演化过程进行探析。随着长三角地区经济快速发展，长三角城市群正在迅速演化。不妨从以下三个方面来说明城市规模的扩大：第一，各城市的市区人口数的增加；第二，城市边界的扩展；第三，大中小城市数量增加。

（一）城市人口增加迅速

表 3—2 给出了 2000—2013 年长三角城市群中 30 个城市人口增长数及其对应的区间。从表 3—2 中可以看出，南京市在这期间人口增长数达到了 353.58 万人，人口增长数列于 30 个城市之首。人口增长数超过 200 万人少于 300 万人的城市有杭州、淮安、上海和苏州。人口增长数处于 100 万—200 万人以及 20 万—100 万人城市数量分别为 10 个，而人口增长数低于 20 万人的城市数量为 5 个。

表3—2　　2000—2013年长三角城市群30个城市市区人口增长数

市区人口增长数	城市
300万人以上 （1个城市）	南京市（353.58）
200万—300万人 （4个城市）	杭州市（271.62）　淮安市（232.45）　上海市（227.28）　苏州市（222.11）
100万—200万人 （10个城市）	扬州市（177.32）　徐州市（165.79）　绍兴市（157.61）　南通市（147.16） 宿迁市（144.06）　常州市（143.44）　无锡市（129.61）　盐城市（104.84） 宁波市（103.55）　泰州市（103.38）
20万—100万人 （10个城市）	芜湖市（71.54）　金华市（58.71）　衢州市（56.3）　淮南市（41.17） 镇江市（40.76）　连云港市（35.63）　温州市（31.77）　马鞍山市（30.42） 合肥市（21.61）　台州市（14.64）
0—20万人 （5个城市）	嘉兴市（6.7）　滁州市（4.92）　丽水市（4.28）　湖州市（3.1） 舟山市（1.79）

注：数据来源于《中国城市统计年鉴》（2001，2014），括号内为统计期间各城市市区人口增加数（单位：万人），作者整理加工。

表3—3给出了2000—2013年，长三角城市群30个城市市区人口增长率。从表3—3中可以看出，人口增长率超过300%的城市有3个，分别为宿迁市（589%）、淮安市（425%）和扬州市（331%），人口增长率介于200%和300%的城市有4个，分别为绍兴市（267%）、南通市（226%）、衢州市（206%）、苏州市（200%）。而介于100%—200%的城市达到了9个，介于20%—100%的城市达到了7个，仅有7个城市人口增长率低于20%。值得一提的是，在这期间长三角没有任何一个城市城区人口出现减少，这也从一个侧面说明了长三角城市群的经济活力。

表 3—3　　2000—2013 年长三角城市群 30 个城市市区人口增长率

市区人口增长率	城市
300% 以上 （3 个城市）	宿迁市（5.89）淮安市（4.25）扬州市（3.31）
200%—300% （4 个城市）	绍兴市（2.67）南通市（2.26）衢州市（2.06）苏州市（2）
100%—200% （9 个城市）	泰州市（1.73）盐城市（1.67）金华市（1.64）常州市（1.63）杭州市（1.52）南京市（1.22）无锡市（1.15）芜湖市（1.11）徐州市（1.03）
20%—100% （7 个城市）	宁波市（0.83）镇江市（0.65）马鞍山市（0.59）连云港市（0.57）淮南市（0.3）温州市（0.27）上海市（0.2）
0—20% （7 个城市）	丽水市（0.12）台州市（0.1）滁州市（0.1）合肥市（0.1）嘉兴市（0.09）湖州市（0.03）舟山市（0.03）

注：数据来源于《中国城市统计年鉴》（2001，2014），括号内为统计期间各城市市区人口增加倍数，作者整理加工。

（二）超大（特大）城市边界扩张

随着城市经济的发展，城市对土地的需求迅速增加，不断地向周边扩张。一方面，大城市不断通过"撤县设区"将边界向外扩张；另一方面，中小城市不断地向外扩张，建成区面积快速增加。

大城市的边界扩张是极其明显的，为了满足土地需求，大城市通过"撤县（市）设区"的方法解决土地矛盾和日益攀升的人口密度。表 3—4 列出了长三角城市群形成后三大超级城市"撤县设区"的详情。从表 3—4 中可以看出，上海在 5 个年份"撤县设区"8 次，其所辖行政区中仅剩崇明一个县，其余县已经全部改为区。南京在 2000 年、2002 年以及 2013 年分别"撤县设区"和将县合并到区 5 次，其所辖行政区全部变为区，不再存在县。杭州在 2001 年将萧山和余杭"撤县设区"，在 2014 年将富阳"撤县设区"，目前辖 9 区 4 县（含县级市）。

表3—4   长三角城市群形成后三大超级城市"撤县设区"列表

城市	年份	撤县（市）设区
上海	1992	嘉定（撤县设区） 闵行区（上海县 + 闵行区） 浦东新区（川沙县 + 黄浦、杨浦、南市浦东地区 + 闵行三林乡）
	1997	金山（撤县设区）
	1998	松江（撤县设区）
	1999	青浦（撤县设区）
	2001	南汇（撤县设区） 奉贤（撤县设区）
南京	2000	江宁（撤县设区）
	2002	浦口区（浦口区 + 江浦县） 六合区（大厂区 + 六合县）
	2013	高淳（撤县设区）溧水（撤县设区）
杭州	2001	萧山（撤市设区）余杭（撤市设区）
	2014	富阳（撤市设区）

数据来源：作者自行整理。

（三）中小城市的崛起

表3—4只列出了长三角城市群中的三个大城市。除了大城市的扩张之外，中小城市也在迅速地扩张。当然，由于中小城市原有的建成区面积相对较小，因而其扩张有限。但是，随着工业经济的快速发展，长三角城市群中的部分中小城市沿着公路网络发展工业经济，逐步通过工业走廊连成片区。一些小城市高速发展，逐步发展成为中等城市，而中等城市正在向大城市和特大城市迈进。

2014年国务院发布了《国务院关于调整城市规模划分标准的通知》，对城市人口提出以城区常住人口为统计口径，将城市划分为五类七档。①地级城市规模正在不断地扩大，表3—5给出了2000—2013年长三角地级城市的规模跨类变化。从表3—5中可以看出，2000—2013年，长三角30

---

① 城区常住人口50万人以下的城市为小城市，其中20万人以上50万人以下的城市为Ⅰ型小城市，20万人以下的城市为Ⅱ型小城市；城区常住人口50万人以上100万人以下的城市为中等城市；城区常住人口100万人以上500万人以下的城市为大城市，其中300万人以上500万人以下的城市为Ⅰ型大城市，100万人以上300万人以下的城市为Ⅱ型大城市；城区常住人口500万人以上1000万人以下的城市为特大城市；城区常住人口1000万人以上的城市为超大城市。

个城市中有9个城市从"中等城市"迈进"大城市"，包括江苏的淮安市、常州市、扬州市、南通市、盐城市、泰州市、镇江市，浙江的绍兴市以及安徽的芜湖市。同时有一批"小城市"迈进"中等城市"行列，包括浙江的金华市、衢州市以及安徽的滁州市。甚至，部分城市从"小城市"迈进"大城市"的行列，如江苏的宿迁，其城区人口从2000年年末的24.44万人增加到2013年年末的168.5万人。

表3—5　　　　　2000—2013年长三角地级城市的规模跨类变化

城市跨类变化	城市	城区人口（万人）	
		2000年年末	2013年年末
"中等城市"变为"大城市"	淮安市	54.65	287.1
	常州市	88.26	231.7
	扬州市	53.58	230.9
	绍兴市	59.09	216.7
	南通市	65.14	212.3
	盐城市	62.96	167.8
	泰州市	59.92	163.3
	芜湖市	64.56	136.1
	镇江市	62.54	103.3
"小城市"迈进"大城市"	宿迁市	24.44	168.5
"小城市"变为"中等城市"	金华市	35.89	94.6
	衢州市	27.3	83.6
	滁州市	48.98	53.9

数据来源：《中国区域经济统计年鉴》（2001、2014），作者整理加工。

中小城市的快速发展不仅体现在地级市中，在县级城市中同样十分明显。根据《中国城市统计年鉴》（2000）和《中国区域经济统计年鉴》（2014），从长三角地区"两省"（江苏和浙江）县级城市中找到了同时拥有这两年数据的50个城市。从表3—6中的1999年的数据来看，1999年这51个城市中无一符合"中等城市"的标准，江苏省的宜兴、泰兴、兴化、张家港、江阴、如皋、高邮这7个城市符合"Ⅰ型小城市"的标准，其他44个城市只是归类为Ⅱ型小城市。但是，到2011年时，江苏的

表3—6 1999—2011 年长三角 51 县级城市的规模变化

年份	城区人口（人）	档次	城市列表
1999 年	50 万—100 万	中等城市	无
	20 万—50 万	I 型小城市	宜兴（23.8）泰兴（23.5）兴化（23.1）张家港（21.7）江阴（21.3）如皋（20.7）高邮（20.1）
	0—20 万	II 型小城市	昆山（19.3）吴江（19）溧阳（18.7）常熟（18.3）东台（17.5）靖江（17.4）丹阳（16.8）仪征（16.8）海门（16.5）泰兴（16.2）姜堰（16.2）溧阳（15.6）瑞安（15.1）大丰（15）太仓（14.4）启东（14.3）余姚（14）温岭（13.4）新沂（13.3）临海（13.1）诸暨（13）慈溪（12.8）邳州（12.6）上虞（12.5）海宁（12.2）嵊州（11.7）句容（11.5）金坛（11.4）乐清（11）桐乡（10.7）兰溪（10.3）丽水（10）建德（9.9）义乌（9.8）平湖（9.3）富阳（9.2）东阳（8.5）嵊州（8.3）奉化（8.3）临安（7.2）江山（6.7）永康（6.3）扬中（5）龙泉（3.8）
2011 年	50 万—100 万	中等城市	江阴（56.9）
	20 万—50 万	I 型小城市	常熟（46.7）义乌（46）邳州（43.6）宜兴（41.6）兴化（40.3）昆山（35.4）张家港（30.8）临海（27.8）吴江（25.2）东台（22.4）如皋（22.3）太仓（22）新沂（21.7）启东（21.4）丹阳（21.3）海门（20）
	0—20 万	II 型小城市	金坛（19.2）溧阳（18.7）大丰（18.5）慈溪（18.5）靖江（18.2）高邮（17.1）仪征（16.6）姜堰（16.5）泰兴（16.2）温岭（14.8）涟水（14.3）平湖（14.2）桐乡（14.1）句容（13.9）上虞（13.4）海宁（13.4）兰溪（12.9）江山（12.5）诸暨（12.1）富阳（12.1）嵊州（11.7）建德（11.1）余姚（10.2）溧水（9.7）奉化（9.3）桐庐（9.2）龙泉（8.6）瑞安（8.1）临安（6.7）乐清（5.1）永康（4.1）扬中（4）东阳（3.90）

数据来源：《中国区域经济统计年鉴》（2000—2012），作者整理加工。

江阴已经跻身中等城市，城区人口达到 56.9 万人。此外，江苏的常熟、宜兴、邳州和兴化，以及浙江的义乌等城市人口也都在 40 万人以上，正在向中等城市发起冲击。2011 年，"Ⅰ型小城市"数量已经达到了 16 个，远远高于 1999 年水平。

1999—2011 年，一些新城市正在快速形成并壮大。比较具有代表性的城市包括浙江的义乌以及江苏的江阴、常熟，在这期间城区人口增长数分别达到了 36.2 万人、35.6 万人以及 28.4 万人。此外，位于长三角地区原有的超大城市、特大城市或大城市之间的中小城市正在迅速发展，比较典型的包括江苏的昆山、浙江的平湖等城市。同时，一些相对较为偏远的地区小城市快速发展，包括浙江的义乌、江苏的江阴等城市。一方面，新城市的出现，的确如第二章第四节介绍的 Mori 城市群的形成中所阐述的那样在经济体内形成了规则的城市层级结构；另一方面，新城市的出现并非是单纯的新地方出现一个城市，而是在原有的区位上城市规模不断扩大，如本章第三节所建立的理论模型。

二 长三角城市效率演化

(一) 城市效率指标构建

国内外大量文献对效率进行了研究，大致分为四类，包括：（1）最小二乘（OLS）估计；（2）面板固定效应（FE）、广义矩阵（GMM）估计；（3）半参数估计，如 Olley and Pakes（1996）以及 Levinsohn and Petrin（2003）；（4）非参数估计，如数据包络分析（DEA）、超效率 DEA 以及随机前沿等方法。从国内现有的研究来看，城市效率方面的研究主要采用非参数的估计（金晓雨等，2015；戴永安，2010；刘秉镰等，2009；李郇等，2005）。但上述研究都需要对城市固定资本存量有着精确的估计，尽管柯善咨等（2012）对城市资本存量有着估计，但其估计方法仍然略显粗糙。因此，现有对城市效率的估计并没有特别适合的方法。

值得一提的是，2014 年发表于 JPE（政治经济学期刊）的"Productive Cities：Sorting，Selection，and Agglomeration"一文并没有采用极其复杂的内容作为城市效率的代理变量，相反 Behrens 等人（2014）采用了最为直接的城市人均 GDP 作为衡量指标。不过，值得注意的是，他们的指标采用的是城市的人均 GDP，而非常见的地区人均 GDP。为此，本书也将采用城市人均 GDP 作为城市效率的代理变量。城市 GDP 数据来源于《中国城市统计年鉴》中地级市的市区国内生产总值，人口则来源于《中国城市统计年鉴》中地级市的城市人口。对应地，$cpr = GDP_c/pop_c$。

（二）长三角城市群城市效率演化

根据 2000—2014 年《中国城市统计年鉴》，得到长三角地级城市的城市效率。本章第一节中指出，长三角城市群在 2003 年新加入了台州，在 2010 年新加入了江苏的盐城和淮安、浙江的金华和衢州以及安徽的合肥、马鞍山，形成"16 + 6"的模式。而在 2013 年再次扩容，吸纳了江苏的连云港、徐州、宿迁三市，浙江的丽水、温州两市以及安徽的芜湖、滁州和淮南三市，形成了"江浙沪两省一市全覆盖 + 安徽 5 市"的模式。

图 3—2 给出了 1999—2013 年长三角城市群效率与城市平均效率图。从图中我们可以看出，1999—2013 年长三角城市群效率和城市平均效率整体表现是一致的，仅在 2013 年大规模扩容后出现下降。2002 年长三角城市群效率开始加速提高，2008 年效率增加速度开始放缓。在 2010 年第一次扩容后，长三角城市群效率进一步加速提高，直至 2013 年城市群再次扩容。整体而言，1999—2013 年，长三角城市群保持着较高的效率水平，并从 2003 年新成员加入以及 2010 年第一次大规模扩容中获得了好处。

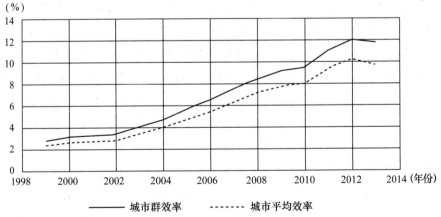

图 3—2　1999—2013 年长三角城市群效率与城市平均效率

为了更好地分析长三角城市群在 1999—2013 年效率的演变，不妨对城市效率进行核密度估计，图3—3给出了这15年间的城市效率的核密度图。从图3—3可以看出，从2001年开始，核密度图中有着明显的两个谷峰，这就表明城市群中的城市效率开始出现了分层，出现了第一梯队和第二梯队，其后出现了加剧的现象。但这种情况并没有一直持续下去，从2005年开始，这种两梯队的现象逐步减弱，但城市群中的城市效率差距进一步扩大。随着2010年长三角城市群的大幅度扩容，城市效率梯队的现象基本被抹平。

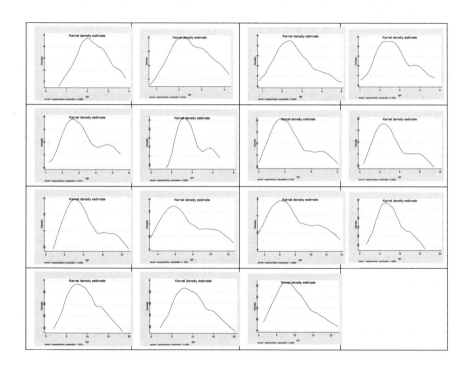

图3—3　1999—2013年长三角城市群城市效率核密度分布图

注：自第一行左边开始分别是从1999年到2013年共15年的城市效率核密度分布。

整体而言，1999—2013年长三角城市群的形成与发展促进了城市群效率的提高。从本质上而言，长三角城市群的形成并非像上一章中所介绍的城市群那样，当冰山成本上升时，原有的城市与城市之间会出现新的城市，两个城市之间由工业带连接，从而形成城市群。长三角城市群的形成更多的是原有城市规模的不断扩大，并出现城市接壤的现象。那么，这种"扩展型"城市群是怎么形成与演化的呢？城市群的形成对城市效率又产生怎样的影响呢？为了说明这个问题，本章的第三节将建立"扩展型"城市群模型，并对城市效率进行分析。

第三节　城市群形成与效率理论

截至目前，有关城市和城市群的研究很好地说明了城市的出现。Mori（1997）很好地说明了城市群的形成，但他所阐述的城市群只是其中的一种类型，即新城市的出现连接了两个核心城市。虽然在 Mori（1997）的研究中，他提到了分散的多城市结构，但在他的研究中并没有对这种多城市结构所形成的城市群进行深入分析。事实上，第一章也提到，在城市群的形成过程中，很多城市群的形成并不是因为有新兴的城市出现而连接几个核心城市；恰恰相反，是由于中心城市和边缘城市规模的扩大，并且通过不断地向外扩张而逐渐连片成为城市群，这也是中国的城市群的主要类型。为了说明城市群的这种形态，本书将构建一个"扩展型"的城市群模型。

一　基本假设与消费者行为

假定城市在线性的、均匀的农业土地（单位宽度）上发展，宽度足够小，从而可以将城市发展看作线性的。城市中包含工业企业和住户，企业生产需要使用劳动力和土地，同样居民也需要使用土地和工业品组合。土地归国家所有，不失一般性的情况下，假定其为外生的。在城市化过程中，农业人口源源不断地向城市流动，从而确保城市在人口规模上的不断扩大。

假定消费者的效用函数为双层效用函数，第一层效应函数为土地和工业品组合的 Cobb-Douglas 效应函数，第二层效应函数为 CES 效用函数。对应地，消费者效应函数：

$$U = z_H(x)^{1-\alpha} \left[\int_0^n z_M(i)^\rho di \right]^{\alpha/\rho} \tag{3.1}$$

其中，$z_H(x)$ 为代表性消费者居住在 x 处的土地的消费量，$z_M(i)$ 为消费者对第 i 种工业产品的消费量，n 为消费者消费的工业产品种类数，ρ

为消费者对不同种类的工业产品多样性的偏好程度，α 为消费者工业品组合支出的比重。消费者的预算约束函数：

$$p_H(x)z_H(x) + \int_0^n p_M(i)z_M(i)\mathrm{d}\omega = Y \tag{3.2}$$

其中，$p_H(x)$ 为 x 点处土地的价格，$p_M(i)$ 为第 i 种工业产品的价格。在预算约束（3.2）式下，最优化消费者的效应函数，从而可以得到消费者的需求函数：

$$\begin{cases} z_H(x) = (1-\alpha)Y/p_H(x) \\ z_M(i) = \dfrac{\alpha Y}{p_M(i)} \dfrac{p_M(i)^{-\sigma}}{\int_0^n p_M(i)^{-\sigma}\mathrm{d}i} \end{cases} \tag{3.3}$$

其中，$\sigma = 1/(1-\rho)$，为消费者对不同种类产品的替代程度。

二　生产者行为与土地市场均衡

工业企业生产过程中使用土地和劳动力，不妨假设工业企业使用 f 单位土地作为固定投入，使用 a 单位的劳动力作为可变投入。从而可以得到企业的成本函数：

$$F(q) = R(x)f + awq \tag{3.4}$$

其中，q 为代表性厂商的产量，$R(x)$ 为 x 点处土地的租金价格。不考虑企业获得的土地补贴等，则工业用地与居民用地价格相等。对应地，$R(x) = p_H(x)$。工业企业为垄断竞争企业，利润最大化，则得到工业品加成定价：

$$p_M(i) = aw/\rho \tag{3.5}$$

从（3.5）式中可以看出，企业选择在何处生产以及土地的租金并不会影响企业的商品价格。垄断竞争型企业总能获得利润，并且其产品售价只与企业的可变成本相关。但是，企业所处区位租金对其产量有着直接的影响，对应地：

$$q(x) = \frac{\rho R(x) f}{(1-\rho) a w} \tag{3.6}$$

城市人口为 N，单个企业使用工人数量为 aq。因此，城市企业数量为：N/aq。设定城市平均地租为 $\bar{R}$，其对应的值为 $\int_o^l R(x) \, \mathrm{d}x/l$，将（3.6）式代入，可以得到城市企业数量（同时也代表城市产品种类数）：

$$Q = \frac{(1-\rho)}{\rho} \frac{N}{f} \frac{w}{\bar{R}} \tag{3.7}$$

土地市场均衡时，$R(x) = p_H(x)$，对应地，$\bar{R} = \bar{p_H}$。经典的城市模型中对城市边界并没有太多限制，但现实中城市的土地供应量是有限制的，城市的发展不能越出其边界。不妨假设城市中心至边缘处的距离为 l，那么城市的土地总供应量为 $2l$。城市的土地需求由两方面构成，包括居民对土地的居住需求，以及企业对土地的需求。从（3.3）式中可以得到单个居民对土地的平均需求数量为 $\bar{z_H} = (1-\alpha) w/\bar{R}$。同样，根据（3.7）式可以得到城市企业数量，单个企业在生产过程中使用 f 单位土地作为固定投入，从而企业对土地的需求量为 fQ。土地市场均衡时，将（3.7）式代入：

$$\frac{Nw(1-\alpha)}{\bar{R}} + \frac{(1-\rho)}{\rho} \frac{Nw}{\bar{R}} = 2l \tag{3.8}$$

化简，则得到：

$$N^* = \frac{\bar{R}}{w} \lambda l \tag{3.9}$$

其中，$\lambda = \dfrac{2}{1/\rho - \alpha}$。对应地，

$$Q^* = \frac{2l}{f} \frac{(1-\rho)}{(1-\alpha)\rho + (1-\rho)} \tag{3.10}$$

从（3.10）式可以看出，城市企业的数量与城市的边界至中心的距离呈正相关，与企业的固定成本呈负相关。而从（3.9）式也可以看到，城市人口规模与城市的边界至中心的距离呈正相关，与地区的相对租金（$\bar{R}/w$）呈正相关。

三　多城市体系均衡

假定基础模型中包含一个大城市（城市 A），多个小城市（城市 B、城市 C……）。一个简单的城市体系中只包括城市 A、城市 B 以及城市 C，城市 B 和城市 C 等小城市最初大小完全相同，且各城市离城市 A 的距离完全相等，城市 A、城市 B 以及城市 C 构成了等边三角形。不同的是，城市 B 和城市 A 组成城市群，根据（3.9）式，可以得到 $\bar{R}_A/w_A = N_A/\lambda_A$，$\bar{R}_B/w_B = N_B/\lambda_B$ 以及 $\bar{R}_C/w_C = N_C/\lambda_C$。初始阶段大城市已经扩展到其边界，但小城市并没有扩展到边界，城市规模只是达到了 l_{B1}（或 l_{C1}）。在大小城市并没有达到均衡时，大城市人口密度更高，$N_A/l_A > N_B/l_B = N_C/l_C > N_{B1}/l_{B1}$。为了考察加入城市群是否提高城市的生产效率，不妨考虑城市 A 和城市 B 形成了城市群，而城市 C 等城市被孤立于城市群之外。

对于城市群而言，均衡时两地区交界处的租金应该相等，从而城市 B 的租金会得到提升。城市 C 等由于没有加入城市群，其租金依然依据（3.9）式所确定。考虑城市群内的企业由于技术溢出而拥有着更高的生产技术，从而其边际投入更少。换句话说，对于长三角城市群内的企业而言，其边际投入小于城市群外的其他边缘城市的边际投入。因此，城市 A 和城市 B 的边际投入小于城市 C 的边际投入，即 $a_A = a_B < a_C$（见图3—4）。

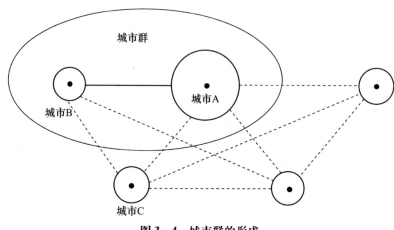

图 3—4 城市群的形成

垄断竞争企业最初建厂考虑是在城市群内还是城市群外，对其而言如果产品出售价相等，则根据（3.5）式可以得到 $w_A = w_B > w_C$。假设劳动力市场完善，并且劳动力可以在地区间自由流动。为了获取更高的工资和福利，劳动力被吸引到城市群内。但是，并非所有的劳动力都会选择从其他地区向城市群内迁移，只有那些最具有生产效率的劳动力会选择迁移。随着大量高技能劳动力的迁入，城市群内整体的劳动力具有更高的效率。换句话说，城市 C 的技能劳动力会不断地向城市 A 和城市 B 流入，即 $N_A/l_A > N_B/l_B > N_C/l_C$。从而根据（3.9）式可以得到 $R(l_A) = R(l_B) > R(l_C)$。假定 A 城市到 B 城市的工业品运输成本为 τ，劳动力可以自由流动。工业产品市场均衡时，则可以得到：

$$\begin{cases} \sigma f \bar{R}_A = \dfrac{\alpha N_A}{n_A + \phi n_B} + \phi \dfrac{\alpha N_B}{\phi n_A + n_B} \\[3mm] \sigma f \bar{R}_B = \dfrac{\alpha N_B}{\phi n_A + n_B} + \phi \dfrac{\alpha N_A}{n_A + \phi n_B} \end{cases} \qquad (3.11)$$

由（3.7）式可知，城市企业数 Q（产品种类数 n）与城市规模（l）成正比。设定大城市产业比重为 s_n，城市规模为 s_l，则：

$$\frac{s_n - 1/2}{s_l - 1/2} = \frac{1 + \phi}{1 - \phi} \tag{3.12}$$

对（3.12）式求关于 s_l 的导数，可以得到：

$$\mathrm{d}s_n/\mathrm{d}s_l = (1 + \phi)/(1 - \phi) > 1 \tag{3.13}$$

根据地区 GDP 的收入法核算，地区 GDP 由土地和劳动力两要素收入共同构成。从而城市的总收入为 $\int_0^l \lambda R(x) \, \mathrm{d}x + wN$，人均收入为 $\int_0^l \lambda R(x)/N \mathrm{d}x + w$，根据平均地租的定义，可以化简为 $\lambda \bar{R}/N + w$。其实，这也就是城市的劳动生产率 ϑ。不妨对城市劳动生产率 ϑ 求关于土地利用效率（即平均租金 $\bar{R}$）的导数，从而可以得到：

$$\frac{\partial \vartheta}{\partial \bar{R}} = \lambda/N + (1 + 1/l)\frac{\partial w}{\partial \bar{R}} > 0 \tag{3.14}$$

（3.14）式表明，城市土地利用效率的提高促进城市生产效率。而从前文的分析中也可以知道，城市 B 加入城市群后城市的土地利用效率 $\bar{R}$ 得到提升，即 $R(l_B) > R(l_C)$。因此，加入城市群能够有效促进城市土地利用效率的提升，并且能够促进城市效率的提升。由此得到本书的第一个理论假说：

假说 1：加入城市群后，城市土地利用效率得到提升，从而促进城市生产效率的提高。

在城市 B 与城市 C 或者其他城市之间，由于城市 B 加入城市群后城市规模（l）增加，因此根据（3.13）$\mathrm{d}s_n/\mathrm{d}s_l > 1$ 可以知道，加入城市群后，城市 B 的产业比重将超过城市 C，产业出现了集聚现象。而由（3.4）式可知，产业集聚会更加充分地利用规模经济，降低企业的平均成本，从而企业工资水平能够得到提升。由此可以得到：

$$\frac{\partial \vartheta}{\partial Sn} = \frac{\partial \vartheta}{\partial l} \quad \frac{\partial l}{\partial S_l} \quad \frac{\partial S_l}{\partial Sn} = \frac{w}{l^2} \frac{2\phi}{(1+\phi)^2} \quad \frac{L-l}{L^2} > 0 \qquad (3.15)$$

其中，$L = \sum_i l_i$，$i = A$，B，$C\cdots$。（3.15）式表明，产业集聚会促进城市效率的提高。而从前文分析中也得知，加入城市群后会促进产业的集聚，因而可以得到本书的第二个理论假说：

假说 2：加入城市群能够促进城市产业集聚效应，从而促进城市效率提升。

此外，设定地区的人力技术水平为 φ，采用 Melitz（2003）等对企业生产效率的研究，那么企业的边际投入 $a = f(\varphi)$，并且 $f(\varphi)$ 为减函数。同时，根据 $a_B w_B = a_C w_C$，则可以得到：

$$\frac{\partial \vartheta}{\partial \varphi} = \frac{\partial \vartheta}{\partial w} \quad \frac{\partial w}{\partial a} \quad \frac{\partial a}{\partial \varphi} = \left(1 + \frac{1}{l}\right) \quad \frac{f'(\varphi)}{a^2} > 0 \qquad (3.16)$$

从（3.16）式可知，人力资本效应越高，那么城市效率将越高。加入城市群之后，人力资源在城市之间的分配也会出现变化。而不同城市人力资本的差异，会导致城市生产效率差异的出现（Behrens et al.，2014；Combes et al.，2012）。因此，得到本书的第三个理论假说：

假说 3：加入城市群后，城市的人力资本效应得到提升，从而促进了城市生产效率提高。

将（3.11）式代入（3.16），以及 $\int_0^l \lambda R(x) / N \mathrm{d}x + w$，可以得到：

$$\frac{\partial \vartheta_A}{\partial \phi} > 0, \frac{\partial \vartheta_B}{\partial \phi} > 0 \qquad (3.17)$$

从（3.17）式可知，在城市群形成过程中，随着交通运输等网络的构建，城市群中各城市之间的贸易成本下降（贸易自由化水平 $\varphi\uparrow$），从而无论是城市群中的中心城市，还是边缘城市都能从中获得好处。由此，可以得到本书的第四个理论假说。

假说 4：城市交通运输网络的形成深化城市群一体化程度，从而能够有效促进城市群内城市效率的提升。

四　城市群的扩容与城市效率溢出

在城市 A 与城市 B 形成城市群后，城市 B 从城市 A 获得了技术溢出，土地利用效率、产业集聚效应以及人力资本效应都有所提高。不妨假设城市 A，B，C，D 形成一个经济系统，系统中人力资本总量为 $\tilde{N}$，城市总面积为 $\tilde{l}$。城市 A 和城市 B 形成城市群，两城市对应的人口为 N_A 和 N_B。很显然，$N_A/l_A = N_B/l_B > \tilde{N}/\tilde{l} > N_C/l_C = N_D/l_D$，即城市 A 和城市 B 的单位面积上的人力资本超出平均值，同时大于城市 C 和城市 D 的单位面积的人力资本。随着 C 城市的加入，会发现 $N_A/l_A = N_B/l_B = N_C/l_C > \tilde{N}/\tilde{l} > N_D/l_D$。因而，无论是城市 A 还是城市 B 或者城市 D 单位面积的人力资本都将下降，只有城市 C 单位面积的人力资本是增加的。根据（3.11）式，可以得知城市 A 和城市 B 的租金 $\bar{R}$ 即土地利用效率都将下降，而城市 C 的土地利用效率上升。此外，在城市 C 加入城市群后，由于假定城市 A、城市 B 以及城市 C 构成了等边三角形，可以得到：

$$\begin{cases} \sigma f \bar{R}_A = \dfrac{\alpha N_A}{n_A + \phi n_B + \phi n_c} + \phi \dfrac{\alpha N_B}{\phi n_A + n_B + \phi n_c} + \phi \dfrac{\alpha N_C}{\phi n_A + \phi n_B + n_c} \\[3mm] \sigma f \bar{R}_B = \phi \dfrac{\alpha N_A}{n_A + \phi n_B} + \dfrac{\alpha N_B}{\phi n_A + n_B} + \phi \dfrac{\alpha N_C}{\phi n_A + \phi n_B + n_c} \\[3mm] \sigma f \bar{R}_c = \phi \dfrac{\alpha N_A}{n_A + \phi n_B} + \phi \dfrac{\alpha N_B}{\phi n_A + n_B} + \dfrac{\alpha N_C}{\phi n_A + \phi n_B + n_c} \end{cases}$$

$$\text{（3.18）}$$

对应地，均衡时 $\bar{R}_A = \bar{R}_B = \bar{R}_c$，由此可以得到：

$$\frac{s_n - 1/2}{s_l - 1/2} = \frac{1 + \phi}{1 - \phi}$$

$$\text{（3.19）}$$

仍然，这里的 s_n 和 s_l 为城市的产业比重和城市规模比重。现在有三种情况可能出现：（1）城市 B 和城市 C 的总规模大于城市 A。那么，城市 B 与城市 C 的产业比重随着城市群深化会超出两个城市的城市规模比重。城市 B 最终的产业比重有可能会增加，这主要取决于 $l_B + l_C$ 与 l_A 的比值。（2）城市 B 和城市 C 的总规模小于城市 A 的规模，那么城市 A 仍然随着城市群的深化而获得较大的产业。但是，城市 B 的产业比重将变小，且与城市 C 等同。在这个简化的系统中，无论城市规模如何，新加入城市的产业总能得到提升。（3）前文中提到新加入城市的土地利用效率、人力资本效应也能得到提升。而原有的城市群中的城市 A 和城市 B 会得到损失。当然，如果经济系统中的城市远远超过这三个城市，那么城市 A 和城市 B 仍然可能从新形成的城市群中获得好处。从而，在城市群的扩容过程中存在着最优城市群规模。根据（3.9）式以及（3.19）式，同时满足：

$$\max\left[\frac{1+\phi}{1-\phi}\left(\frac{l_A}{\tilde{l}-l_A}-1/2\right)+1/2\right]\bar{R}\;\lambda_A/w \text{ 以及 } \max\frac{2\phi-(1+\phi)2s_l}{1-\phi}\bar{R}\;\lambda/w$$

$$(3.20)$$

则城市群达到了最优规模。通过上述分析可以发现，新加入的城市可以从原有的城市群中获得空间的溢出效应，而原有城市群中的城市在城市群扩容后相互之间的溢出可能会减少甚至消失。因此，根据理论假说一至理论假说三，可以得到本书研究的第五个理论假说：

假说 5：城市群扩容后，新加入的城市总能获得中心城市（大城市）或者核心城市（原城市群中小城市）的溢出。但是如果城市群扩容过度，那么这种获得是以中心城市或者核心城市的损失为前提的。

第四节　基本结论

长三角城市群是我国经济最为活跃的城市群，2013 年 16 个核心地区利用全国仅仅 1.1% 的国土面积创造了 16.7% 的经济总量、31.7% 的出口总额、46.5%的实际利用外资。本章首先对长三角城市群形成过程中的两个发展阶段进行了回归。其次，在本章的第二节从城市人口迅速增加、超大（特大）城市边界扩张以及中小城市迅速崛起等多个视角来阐述长三角城市群的演化以及通过非参数密度函数分析城市效率演化。最后，本章构建了一个"扩展型"城市群理论模型，通过该模型说明城市群的形成、土地利用效率、产业集聚效应以及人力资本效应对城市效率的影响，城市群交通网络化（城市群深化发展）对城市效率的影响，以及城市群规模扩大（城市群广化发展）对城市效率的影响。

第一，2000—2013年长三角城市群城市人口迅速增加、超大（特大）城市边界扩张以及中小城市迅速崛起。其中，人口增长数超过200万人以上的城市有5个，人口增长率超过200%的城市有7个；上海、南京、杭州这三个中心城市普遍出现了大规模"撤县设区"，1992—2014年牵涉县区达到16个；2000—2013年，长三角30个城市中有10个城市从"中小等城市"迈进"大城市"，有3个城市从"小城市"发展成为"中等城市"。1999—2013年，长三角城市群保持着较高的效率水平，并从2003年新成员加入以及2010年第一次大规模扩容中获得好处。

第二，城市的土地利用效率、产业集聚效应以及人力资本效应能够提高城市效率，而城市群的形成能够提高土地利用效率、产业集聚效应以及人力资本效应。城市交通运输网络的形成会深化城市群一体化程度，从而能够有效促进城市群内城市效率的提升。城市群扩容后，新加入的城市能获得中心城市（大城市）或者核心城市（原城市群中小城市）的溢出。但是如果城市群扩容过度，那么这种获得则是以中心城市或者核心城市的效率损失为前提的。

本章的研究从长三角城市群发展的历程出发，通过对长三角城市群发展的抽象概括提炼出理论模型思路，并最终构建了"扩展型"的城市群理论，从而为下文第四章至第六章的实证研究提出了五条理论假说。

第四章

长三角城市效率与城市群效应评估

通过第三章的理论分析，可以得出土地利用效率、产业集聚效应以及人力资本效应会影响城市效率，而加入城市群又可以提高土地利用效率、产业集聚效应以及人力资本效应，从而间接影响着城市效率的理论假说。那么，这一理论假说在长三角城市群是否成立呢？为了验证这一理论假说，本章首先对 1999—2013 年长三角城市群的城市效率进行面板固定效应回归。其次，按照理论假说，在第二节中考察加入城市群是否可以通过改变土地利用效率、产业集聚效应以及人力资本效应而间接影响城市效率。为了便于分析加入长三角城市群的效应，本章分别对土地利用效率、产业集聚效应、人力资本效应以及城市效率进行双重倍差（Difference in Difference，DID）分析。最后，为了分析城市群的形成对新加入城市（辐射区）与原有城市（核心区）的效率是否有差异，本章第三节对两个不同组别城市效率的组间差距和组内差距进行了比较分析。

第一节 长三角城市效率因素分解

城市群的形成会提高土地利用效率，同时也会形成人力资本效应以及产业集聚效应（Behrens et al.，2014），而这些因素是否会影响长三角城市群中的城市效率呢？在本书的第三章理论模型的理论假说中已经提及，土地利用效率、人力资本效应以及产业集聚效应都会影响城市效率。为了验证土地利用效率、产业集聚效应和人力资本效应对城市效率的影响，本节采用固定面板效应模型进行实证检验。

一　计量模型设定

按照在第三章中提出的理论假说，城市群形成后所产生的土地利用效率、人力资本效应以及产业集聚效应是影响城市效率的直接原因。为此，需要设定本书的第二个计量模型：

$$cpr_{i,t} = \gamma_0 + \gamma_1 land_{i,t} + \gamma_2 talent_{i,t} + \gamma_3 industry_{i,t} + \delta_{i,t} \qquad (4.1)$$

其中，cpr 为城市效率，$\delta_{i,t} = \eta_i + \mu_{i,t}$。并且，假定 $\delta_{i,t}$ 服从独立同分布（i.d.d）。解释变量包括城市效率、土地利用效率、人力资本效应以及产业集聚效应。除了在第三章中构建的城市效率指标之外，其他被解释变量的指标构成如下。

土地利用效率：随着城市群的扩张，城市群内部的城市在土地利用上会有所体现。最为直观的体现是城市楼房越来越高，人均占地面积越来越少。但是，人均占地面积减少只是其中的一个方面，而采用单位面积土地所创造的价值更能体现土地集约利用的程度。因此，不妨采用单位面积GDP来衡量土地利用效率，数据来源于《中国城市统计年鉴》。考虑到城市GDP主要由建成区创造，因此，在面积的选择上采用建成区面积。对应地：

$$land = GDP_c / area_d \qquad (4.2)$$

其中，$land$ 为土地利用效率代理变量，GDP_c 为城市市区创造的国内生产总值，$area_d$ 为城市建成区面积。

人力资本效应：地区人力资本通常用受教育年限的加权平均来计算，这种方法在劳动经济学中有着广泛的应用。但是，在城市层面并没有这样详细的数据，因此这种方法无法使用。虽然朱平芳等（2007）对中国城市的人力资本进行了估算，但其估算中仍然无法摆脱使用城市固定资本存量数据。他们在文中提到了一个重要内容，即职工工资水平。从长三角地区的人员流动性来看，劳动力市场相对较为完善，从而职工工资水平能够在某种程度上反映地区的人力资本。

产业集聚效应：[①] 衡量产业空间集聚的指标有很多，包括地区产业占全国产业的比重、基尼系数、艾萨德指数、赫芬达尔指数、区位熵和泰尔指数，以及由 Ellison and Glaeser（1997）提出的 EG 指数和 Duranton and Overman（2005）等提出的 DO 指数。但这类方法仍然存在很多不足之处，且在城市层面无合适数据可用。为此，本书借鉴颜银根（2014）的做法，采用与之类似的替代值，即用地区的单位面积工业值与全国单位面积工业值作为产业集聚的代理变量。由于将所有城市与全国数值相比，因此可以进一步简化为单位面积工业值。具体而言，城市产业集聚：

$$industry_r = GDPI_r / area_r \qquad (4.3)$$

其中，$GDPI_r$ 为地区工业总产值，$area_r$ 为地区面积。

二　数据特征

本书研究的样本数据为 1999—2013 年江苏、浙江、安徽以及上海"三省一市"41 个城市的面板数据。[②] 表 4—1 给出了原始变量和代理变量的统计值。

从表 4—1 中可以看出，这 41 个城市在样本期间的数值差距较大，其中城市 GDP 最甚。上海市 2013 年城市 GDP 为最大值，宿迁市 1999 年城市 GDP 为最小值，前者是后者的 1271 倍。但是，即便城市 GDP 差距如此之大，样本变异系数也只达到了 2.3，并不算太大。除土地面积外，样本期间数据差距最小的是地区人力资本（工资），同样，2013 年上海市人均工资水平最高，达到了 91475.15 元，六安市 1999 年工资水平最低，仅为 4936

① 尽管对于第三产业集聚国内有大量的研究，但服务业本身更多的是为本地区服务的，不符合本书理论研究部分所给出的定义。此外，一些研究表明，工业集聚和第三产业的集聚有协同性。

② 这 41 个城市分别为上海，江苏的南京、无锡、徐州、常州、苏州、南通、连云港、淮安、盐城、扬州、镇江、泰州、宿迁，浙江的杭州、宁波、温州、嘉兴、湖州、绍兴、金华、衢州、舟山、台州、丽水以及安徽的合肥、芜湖、蚌埠、淮南、马鞍山、淮北、铜陵、安庆、黄山、滁州、阜阳、宿州、六安、亳州、池州、宣城。巢湖由于在 2011 年并入合肥市，因此在样本期间的数据都加总到合肥市。其中，1999 年丽水、亳州、池州、宣城数据缺失，2005 年宣城数据缺失，样本数为 41×14−5 = 610。由于数据缺失，下文有些研究中的样本数会减少。出现数据缺失时，下文研究会有相应说明。

元，前者为后者的 18.5 倍。整体而言，原始变量城市 GDP、工业总产值、城市人口、城市建成区面积和地区土地面积，变异系数都不是很大，除地区土地面积和工资水平，其他变量变异系数介于 1—2.5 之间。

表 4—1　　　　　　　　　　　相关变量统计值

变量	观察值	均值	标准误差	最小值	最大值	变异系数
GDP_c	610	932.5942	2150.589	16.789	21339.18	2.306029
$GDPI_r$	610	80918.94	116095.1	2040.093	802734.8	1.434709
pop_c	609	167.2151	203.857	24.31	1364.1	1.21913
$area_r$	610	8552.807	4472.329	1113	18011	0.522908
$area_d$	610	120.8652	154.1798	9	1563	1.275634
cpr	609	4.099211	3.533152	0.2091041	19.88835	0.86191
$land$	610	5.196721	3.480523	0.6375465	22.5117	0.669754
$talent$	609	26009.69	15526.11	4936	91475.15	0.596936
$industry$	610	12.15046	17.71812	0.2466263	126.6143	1.458226

注：数据来源于《中国城市统计年鉴》（2000—2014）、《中国区域统计年鉴》（2000—2014）等。

相比较而言，本书研究中所涉及的解释变量和被解释变量的变异系数要小得多，能够满足本书研究的计量需要。从表 4—1 中可以看出，城市效率的变异系数仅为 0.86，土地利用效率以及人力资本的变异系数更低，分别为 0.67 和 0.60。在这些代理变量中，仅有产业集聚的代理变量单位面积工业产值变异系数相对较高，为 1.46。但这一变异系数值仍然是比较低的，可以满足本书研究的需要。

三　城市效率影响因素估计结果

表 4—2 通过逐步增加变量的方法来对城市效率影响因素进行分析。从回归结果来看，在逐步增加变量土地利用效率、人力资本效应、产业集聚效应以及长三角城市群虚拟变量之后，回归结果在 1% 的水平下仍然是十分显著的，并且全部为正。这也表明回归结果是稳健的，可信度比较高。其中，土地利用效率的弹性系数为 0.1653，人力资本的弹性系数

为 0.6726，产业集聚的弹性系数为 0.1230，而加入长三角的系数为
0.6746。从而，可以验证前文提到的理论假说 1、理论假说 2 和理论假说
3，即土地利用效率、人力资本效应、产业集聚效应都是影响城市效率的
重要因素，并且加入长三角城市群之后能够有效地提高城市效率。由此，
得到本书的第一个结论。

结论 1：土地利用效率、人力资本效应、产业集聚效应是影响城市效
率的重要因素。

表4—2   城市效率影响因素估计结果

变量	（4.1）	（4.2）	（4.3）	（4.4）
land	0.9278 ***	0.4442 ***	0.1770 ***	0.1653 ***
talent		0.9515 ***	0.7074 ***	0.6726 ***
industry			0.1187 ***	0.1230 ***
dum_csj				0.6746 ***
常数项	− 0.7262 ***	− 0.6829 ***	− 0.1030	− 0.2937 ***
观察值	609	608	608	608
Adj. R^2	0.7544	0.8175	0.8872	0.8891

注：＊＊＊为显著性水平小于1％。

第二节　加入长三角城市群效应评估

从第三章的理论假说中可以发现，加入城市群能够有效地提高城市
效率。并且，在本章第一节分析中也发现加入长三角城市群之后能够有
效地提高城市效率。接下来，不妨对城市群效应进行计量上评估。

一　加入城市群效应评估的计量设计

根据前文的假说，长三角城市群的形成应该可以带来城市效率的提
高，否则周边城市就没有加入的诉求。但是，从长三角城市群最初的 16
个城市到扩大后的 30 个城市的数据来看，16 个核心城市有个更高的经济
发展水平。换句话说，加入长三角的城市并非是随机的，在加入之前就
可能存在"事前差异"。如果只是通过单一的横向（截面）或者纵向

（时间序）对比分析，并不能保证估计的有效性。为了能够有效地控制研究对象间的事前差异，需要借助于双重差分分析方法（Difference-In-Difference，DID）。

DID 方法道理其实很简单，根据是否加入长三角城市群分为两组，处理组（加入，变量"treated"设为"1"）和参照组（未加入，变量"treated"设为"0"），同时根据加入前后设置时间虚拟变量 period（加入前变量"period"设为"0"，加入后变量"period"设为"1"）。因此，可以得到加入长三角城市群效率的估算模型：

$$cpr = \beta_0 + \beta_1 period_i + \beta_2 treated_i + \beta_3 period_i \cdot treated_i + \varepsilon_i \qquad (4.4)$$

cpr 为城市效率，β 为对应的系数，ε 为残差项，假定服从独立同分布（i.d.d）。由于只有 1999—2013 年的数据，而在这期间加入城市群城市比较典型的年份是 2010 年。因此，不妨选择 2010 年为时间虚拟变量 period，2010 年之前所有的年份设置虚拟变量"0"，2010 年之后所有的年份设置虚拟变量"1"。为了更清晰地说明加入城市群的效应，本书选择江、浙、沪、皖三省一市的数据，加入长三角城市群的作为处理组，treated 设置为"1"，未加入长三角城市群的作为参照组，treated 设置为"0"。

除了城市的效率之外，前一章所提到城市群形成后会产生的土地利用效率、人力资本效应以及产业集聚效应都可以通过 DID 这种方法，来验证加入长三角城市群是否会产生这些效应。

二　加入城市群综合效应评估

为了验证加入长三角城市群是否对城市效率产生影响，按照上文的分析采用 DID 的方法进行估计。表 4—3 中给出了加入长三角城市群的城市效率评估，加入长三角城市群前的参照组和处理组的城市效率估计系数分别为 1.973 和 4.469，其差异为 2.496。而加入长三角城市群之后的参照组和处理组的城市效率估计系数分别为 4.505 和 9.622，其差异为 5.117。加入长三角前后的差异 DID 为 2.621，标准误差为 0.452，t 值为 5.80，p 值为 0。换句话说，加入长三角城市群对城市效率有着显著的正向影响，在 1% 的水平下十分显著，从而部分地验证了理论假说 1 至假说

3。由此可得到本书研究的第二个结论：

结论2：加入长三角城市群对城市效率有着显著的正向影响，从而吸引城市群周边城市加入城市群。

表4—3 加入长三角城市群的城市效率评估结果

变量	cpr	标准误差	t 值	p 值
加入前长三角前（1999—2009）				
参照组（273）	1.973			
处理组（172）	4.469			
处理组 – 参照组	2.496	0.239	10.46	0.000 ***
加入后长三角后（2010—2013）				
参照组（76）	4.505			
处理组（88）	9.622			
处理组 – 参照组	5.117	0.384	13.33	0.000 ***
DID	2.621	0.452	5.80	0.000 ***
R^2	0.52			

注：第一列括号内数值为样本数。*** 为 p 值小于 1%，** 为 p 值小于 5%，* 为 p 值小于 10%，下文同。

三 加入城市群多因素效应评估

加入长三角城市群既然会对城市效率产生影响，那么这种效应是直接效应还是间接效应呢？为了解释这个问题，需要对影响城市效率的土地利用效率、产业集聚效应以及人力资本效应采用同样分析方法，即对城市群土地利用效率、产业集聚效应及人力资本效应进行 DID 分析。

表4—4 中给出了加入长三角城市群土地利用效率评估结果。从表4—4 中可知，加入长三角城市群前参照组和处理组的估计系数分别为2.978 和 5.998，处理组与参照组的差别为 3.020，P 值为 0，即加入长三角城市群前处理组和参照组有着显著的差异。而在加入长三角城市群之后，处理组和参照组之间同样具有显著的差异，参照组的估计系数为5.339，处理组的估计系数为 10.415，两组之差为 5.076。同样，加入长三角城市群前后的双重差分 DID 估计系数为 2.057，估计结果十分显著，从而部分地证实了前文中提出的理论假说1，即加入长三角城市群能够提

高城市土地利用效率。

表4—4　　　　　　加入长三角城市群的土地利用效率评估结果

变量	land	标准误差	t 值	p 值
加入前长三角前（1999—2009）				
参照组（274）	2.978			
处理组（172）	5.998			
处理组－参照组	3.020	0.234	12.88	0.000 ***
加入后长三角后（2010—2013）				
参照组（76）	5.339			
处理组（88）	10.415			
处理组－参照组	5.076	0.377	13.45	0.000 ***
DID	2.057	0.444	4.63	0.000 ***
R^2	0.52			

注：*** 为 P 值小于 1%。

此外，加入长三角城市群后，产业会出现大量的集聚，产业的专业化分工程度也会增加。表4—5 给出了加入长三角城市群的产业集聚效应评估结果。从表4—5 中可知，在加入长三角城市群之前，参照组和处理组的系数分别为3.380 和16.860，两者的差异为13.480，标准误差为1.415，p 值为0，十分显著。而在加入长三角城市群之后，参照组的数值为9.218，处理组的数值为32.788，两组差距为23.570，同样十分显著。加入前后的双重差分 DID 的估计结果显示，估计系数为10.090，p 值为0，显著为正。从而验证了在第三章提到的理论假说2：长三角城市群的形成，有利于产业集聚。

表4—5　　　　　　加入长三角城市群的产业集聚效应评估结果

变量	industry	标准误差	t 值	p 值
加入前长三角城市群前（1999—2009）				
参照组（273）	3.380			
处理组（172）	16.860			

续表

变量	*industry*	标准误差	*t* 值	*p* 值
处理组－参照组	13.480	1.415	9.53	0.000 ***
加入后长三角城市群后（2010—2013）				
参照组（76）	9.218			
处理组（88）	32.788			
处理组－参照组	23.570	2.277	10.35	0.000 ***
DID	10.090	2.681	3.76	0.000 ***
R^2	0.33			

注：***为 P 值小于 1%。

除了土地利用效率外，在本书的理论模型的研究中提到了人才会选择向长三角城市群流动，从而形成长三角城市群的人力资本效应。表4—6中给出了加入长三角城市群的人力资本效应的评估结果。从表4—6中可知，加入长三角城市群之前，参照组和处理组的系数分别为 1.617 和 2.308，两者的差异为 0.691。而加入长三角城市群之后，参照组和处理组的系数分别变为 4.060 和 4.966，两者的差异为 0.906。无论是加入长三角城市群之前还是之后，两组之间都具有明显的差异，并且十分显著。加入长三角城市群的效应评估显示，加入前后系数差异为 0.214，但在 10% 的显著性水平下不显著。换句话说，加入长三角城市群并没有能够对人力资本产生显著的影响。事实上，可以观察到，对于长三角城市群非核心区而言，同样存在人才流失，因此导致估计结果不显著。

表4—6　　　　　加入长三角城市群的人力资本效应评估结果

变量	*talent*	标准误差	*t* 值	*p* 值
加入前长三角城市群前（1999—2009）				
参照组（273）	1.617			
处理组（172）	2.308			
处理组－参照组	0.691	0.091	7.57	0.000 ***
加入后长三角城市群后（2010—2013）				
参照组（76）	4.060			

续表

变量	*talent*	标准误差	t 值	p 值
处理组（88）	4.966			
处理组－参照组	0.906	0.147	6.17	0.000***
DID	0.214	0.173	1.24	0.216
R^2	0.64			

注：*** 为 P 值小于1%。

综合上述内容，可以得到本书研究的第三个结论。

结论3：加入长三角城市群后，土地利用效率、产业集聚效应都有着显著的正向影响，但是人力资本效应并没有太显著的影响。对于长三角非核心区而言，试图通过加入长三角吸引人力资本流入并非是一个很好的方法。

第三节　长三角城市群形成对区域效率差异的影响

第二节分析了加入城市群对城市效率的影响，研究表明加入城市群不仅会对城市效率产生直接影响，而且城市群的形成也通过土地利用效率、人力资本效应和产业集聚效应这些中介变量而对城市效率产生间接影响。在经历了 2010 年和 2013 年两次大规模的扩容之后，长三角城市群从原来的 16 个城市扩容到 30 个城市。为了便于和原先的长三角 16 个城市概念接壤，《长江三角洲地区区域规划》在 2010 年将原先的 16 个城市定位 "长三角核心区"，其余地区为 "长三角辐射区"。① 那么，长三角城市群内部各个城市之间的效率差异如何？加入城市群的这些城市之间效率差距是扩大还是缩小？为了说明这个问题，本节继续对长三角城市群内部的城市效率进行分析。

一　长三角城市群城市效率差异

2010 年长三角城市群大规模扩容，在此之前长三角城市群也进行过

---

① 核心区包括上海市和江苏省的南京、苏州、无锡、常州、镇江、扬州、泰州、南通，浙江省的杭州、宁波、湖州、嘉兴、绍兴、舟山、台州。

两次扩容。1997 年，江苏省泰州市加入长三角城市群；2003 年，浙江省台州市加入长三角城市群。图 4—1 给出了 1999—2013 年长三角城市群组内效率的均值和变异系数。图 4—1 中，实线为均值，虚线为变异系数。①1999—2013 年有三个时间节点，2003 年台州加入，2010 年江苏的盐城和淮安、浙江的金华和衢州以及安徽的合肥、马鞍山加入，2013 年江苏的连云港、徐州、宿迁三市，浙江的丽水、温州两市以及安徽的芜湖、滁州和淮南三市加入。

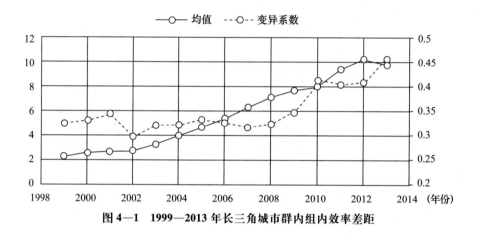

图 4—1 1999—2013 年长三角城市群内组内效率差距

从图 4—1 中可以看出，变异系数整体呈上升趋势。但是，在 1999—2002 年出现了增加后下降，随后在 2003 年又出现了增加，并于 2005 年达到峰顶。2007 年，城市群内城市平均效率再次到达峰谷，尔后在 2010 年达到新的峰值。在 2010 年加入新的城市群后，城市效率又出现了下降，2012 年之后再次出现上升。从均值来看，城市效率均值一直保持上升。2002 年之后，城市效率增幅出现了增加。2010 年，随着新城市的增加，城市效率增幅开始下降，但这种趋势并没有持续，随后出现增加。2013 年，在新城市再次增加后，城市效率均值又出现了下降。

---

① 1999—2002 年包括 15 个城市数据，2003—2010 年包括 16 个城市数据，2010—2012 年包括 22 个城市数据，2013 年包括 30 个城市数据。

二　核心区与辐射区城市效率的组间差距

图4—2给出了1999—2013年核心区成员与辐射区成员的城市平均效率，图4—2中实线部分为辐射区成员的城市平均效率，虚线为核心区成员的城市平均效率。从图4—2中可以看到，无论是核心区还是辐射区，城市的平均效率总是增加的。相比较而言，核心区成员的效率增长更快，从而核心区和辐射区成员的平均效率之间的差距在不断增加。换句话说，尽管加入长三角城市群能够提高辐射区成员城市的效率，但是无法降低核心区和辐射区的组间差距，并且这种差距有着不断扩大的趋势。从1999年的1.15扩大到2013年的7.09，核心区和辐射区组间差距已经超过了辐射区的平均效率（2013年为5.84）。

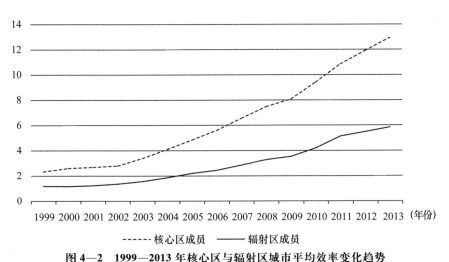

图4—2　1999—2013年核心区与辐射区城市平均效率变化趋势

三　核心区与辐射区城市效率的组内差距

长三角城市群核心区和辐射区组间差距正在进一步扩大，那么组内差距变化如何呢？图4—3给出了1999—2013年核心区与辐射区城市效率差距雷达图。图4—3采用变异系数来衡量组内差距，距离圆心越远代表差异越大，每一环表示0.1。图中实线代表辐射区成员，虚线代表核心区成员。从图4—3中可以看出，1999—2013年核心区成员的组内差距几乎没有发生变化，始终保持在0.3左右。而在这期间辐射区成员的组内差距出现了先变大后变小的"倒U形"情况，尤其是在2011年后出现了快速下降。这就表明，尽管长三角城市群组间差距并没有发生太大变化，但长三角城市群扩容对辐射城市的组内差距有着缩小的作用。

根据上述分析，可以得到第四个研究结论：

结论4：长三角城市群在加入新的城市之后，整体效率仍然是提高的。核心区成员和辐射区成员组间的效率差距正在不断地扩大，辐射区成员的组内差距出现了先变大后变小的"倒U形"情况，长三角城市群扩容能够缩小辐射城市的组内差距。

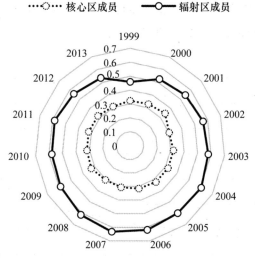

图4—3 1999—2013年核心区与辐射区城市效率差距雷达图

第四节 基本结论

本章分析了城市群形成以及加入城市群对城市效率的影响。依据研究的需要，本章对1999—2013年的长三角城市群成员的效应进行了面板固定效应回归，对土地利用效率、产业集聚效应、人力资本效应以及城市效率分别进行了双重倍差以及对辐射区和核心区城市效率的组间差距和组内差距进行了比较分析。本章研究主要得到以下重要结论：

首先，土地利用效率、人力资本效应、产业集聚效应是影响城市效率的重要因素。而加入长三角城市群对城市效率有着显著的正向影响，从而能够吸引城市群周边城市加入城市群。这也解释了为何长三角城市群周边的城市在 2010 年和 2013 年大规模地加入长三角城市群。

其次，加入长三角城市群后，土地利用效率、产业集聚效应都有着显著的正向影响，但是人力资本效应并没有太显著的影响。对于长三角城市群非核心区而言，试图通过加入长三角城市群吸引人力资本流入并非是一个很好的方法，这主要是因为长三角城市群内部本身存在较为严重的核心城市人力资本向非核心城市流动的情况。

最后，长三角城市群在扩容之后，整体效率仍然是提高的，并没有因为新加入城市效率偏低而导致整个城市群效率降低。但是，核心区成员和辐射区成员组间的效率差距正在不断地扩大，辐射区成员的组内差距出现了先变大后变小的"倒 U 形"情况，并且长三角城市群扩容能够缩小辐射城市效率的组内差距。

第 五 章

长三角城市群城际交通与
城市效率实证研究

从前文分析中可以看出，长三角城市群的形成是一个逐步扩展的过程。加入长三角城市群只是一个行为，长三角城市群的深化发展则需要依靠交通网络等来支撑，从而降低企业的贸易成本。本质上，交通网络越是发达，城市群的质量通常会越高。随着区域之间的贸易自由化水平逐步提高，长三角城市群的效率也得到了大幅提升。交通网络的形成能够有效地促进城市之间的经济往来，提高长三角城市群成员城市之间的人流、物流速度，从而强化长三角城市群的土地利用效率、人力资本效应和产业集聚效应，进而促进长三角城市群的效率。从长三角城市群的经济发展来看，两个方面的交通网络对长三角城市群有着重要的影响：（1）高速公路的发展，尤其是对短距离的城市间往来有着重要影响；（2）高速铁路的发展，相比较而言，对远距离的城市间往来具有重要意义。除了这两个方面的内容外，本章还探讨了长三角城市群如何构建多层次的交通网络，促使城市群形成多层的"核心—边缘"结构。

第一节　长三角城市群高速公路网络与城市效率

高速公路是城市间往来的重要交通网络方式，尤其是对短距离城市间的往来更加具有意义。高速公路网络的建设是否会提高长三角城市群的城市效率呢？本节首先介绍了长三角城市高速公路的建设，随后根据高速公路通车时间计算出各城市的高速公路网络实际值，并将其与长三角城市群效率进行回归，以分析高速公路网络发展对长三角城市群效率的影响。

一 长三角城市群高速公路的建设

1993年，京沪高速（G3）的开通拉开了长三角高速公路建设的序幕。从表5—1中可以看出，从1993年开始国家高速公路网迅速建立。1995年，合宁高速也将合肥与南京紧密相连，突出了安徽向东走的方向。1996年，沪宁高速的建设建立起了长三角城市之间的第一条重要经济线，将长三角地区经济发达的上海、苏州、无锡、常州、镇江、南京贯穿起来。同年，浙江省第一条高速公路杭甬高速建成，杭州与宁波完全打通。

表5—1 　　 连接长三角城市的国家高速公路网（1992—2013）

年份	高速公路名称
1993	京沪高速
1995	沪蓉高速（合宁高速）
1996	沪蓉高速（沪宁高速）杭甬高速
1998	宁芜高速（宁马高速）
2003	连霍高速（连徐高速）淮徐高速（徐宿高速）
2005	淮徐高速（宿淮高速）甬金高速 温丽高速 芜合高速（马芜高速）
2006	宁洛高速（宁蚌高速）
2008	杭州湾环线 杭浦高速
2009	甬舟高速 长深高速
2010	沈海高速 沪渝高速
2011	沪昆高速
2013	京台高速 常台高速 沪陕高速

资料来源：作者自行整理加工，括号内为国家高速的长三角高速公路段。①

随后，国家高速公路的建设围绕着省会城市和重要的交通枢纽城市建

---

① 由于国家高速整体线的贯通少则几年，多则数年，因此，为了让研究更加精确，选择本书研究相关的路段的通车时间做研究。也正因如此，在本章的研究中会看到，即使是同一条国家高速，但是不同的城市会列出不同的时间。

设日益凸显，如宁马高速、连徐高速、徐宿高速、甬金高速、芜合高速、杭州湾环线、杭甬高速、杭浦高速、甬舟高速。2009年前后，国家高速公路的建设出现了新情况，更加偏向于大贯穿的线路，如长深高速、沈海高速、沪渝高速、沪昆高速、京台高速、沪陕高速，这些大贯穿的高速连接多个非省会或交通枢纽城市。除此之外，这些高速连接城市数量之多远远超出之前的高速公路，不再仅仅是几个城市的连接，而是涉及数十个城市的连接。因而，相比较而言，这些高速公路的建设对经济增长的带动作用可能会超出之前的高速公路，当然这还需要进一步的检验。

　　除了国家高速公路网之外，长三角各省也建立了自己的高速公路网（见表5—2）。省内高速公路网建设最早的是浙江省杭甬高速，该高速杭州段（省高速公路编号：浙S2）目前仍然没有归于国家网络。此后，江苏在2002年建成盐靖高速、2006年建成盐淮高速等诸多省内高速。上海、江苏和浙江有着较长的省界线，省市之间的经济往来也在不断增加。2002年的乍嘉苏高速、2008年的申嘉湖高速、2012年的沪宜高速、2014年的苏绍高速等高速的顺利开通，强化了江苏、浙江以及上海之间的交通便利性。需要重点指出的是，2012年蚌淮高速、2013年滁新高速、常合高速以及2014年溧芜高速等高速的开通，加快了安徽融入长三角城市群的步伐。

表5—2　　　　　连接长三角城市的长三角省内及跨长三角
高速公路网（1992—2015）

通车时间	长三角省内及跨长三角高速公路名称
1996	杭甬高速（杭州段）
2002	乍嘉苏高速（乍嘉段）　盐靖高速
2006	盐淮高速
2008	申嘉湖高速（浙江段）
2010	诸永高速　练杭高速
2011	绍诸高速
2012	杭长高速　沪宜高速　蚌淮高速
2013	启扬高速　滁新高速　常合高速
2014	常合高速　苏绍高速　溧芜高速
2015	通锡高速　东九高速

资料来源：作者自行收集整理。

值得一提的是，与国家高速公路网相比，长三角省内高速公路网或者长三角跨省高速公路网的建设更加偏向于县级城市的连接，或者作为各条国家高速的连接线，仅有部分线路直接连接了地级城市或直辖市。其中，连接地级城市的线路仅包括盐淮高速、通锡高速、启扬高速、盐靖高速、蚌淮高速、常合高速、申嘉湖高速等几条高速公路。

二 数据处理与高速公路网络的测算

（一）数据处理

各省高速公路网络编号出现多次变化，其主要问题是与国家高速公路并网。因此，将地方高速公路网与国家高速公路网中重复部分删除，若不同路段出现建成时间不同，则将按不同时间计算。此外，根据统计时间一致性，最终剩余的地方高速公路网路线包括 13 条高速公路线。[①]在计算时，通过进一步细分，如果高速公路建成并有效连接两个及两个以上的地级或直辖城市，则是有效高速公路，计入有效高速公路线路。整理后，仅剩下 6 条高速公路线。[②]

（二）高速公路网络的测算

城市的通达性有着多方面的测度，比较常见的是用城市至各个城市的时间总和来衡量。但由于无法得知各条高速公路最初通车运行时的时速限制，因此，无法得到一个准确的高速通车时长。测度高速公路网络强度的方法有很多，最常见的测度方法是采用高速公路密度，通过测度地区高速公路密度来测度网络强度。但很显然，高密度和网络是两个不同的概念，并非是一个很好的替代。这主要是因为密度与地区城市之间的距离有着直接的关联，如果城市间的距离都很短，即使网络不够发达，可能也会得出高密度的结果。当然，如果使用同一个不变的地区，这种测算方法是有效的。在本书研究中，长三角城市群多次进行扩容，因而这并非是一个有效的测度方法。相比较而言，如果采用城市与各个城市的连接线路则是一个

---

① 这 13 条高速公路线分别为乍嘉苏高速（乍嘉段）、盐靖高速、盐淮高速、申嘉湖高速、练杭高速、诸永高速、绍诸高速、沪宜高速、杭长高速、启扬高速、蚌淮高速、滁新高速和常合高速。

② 这 6 条高速公路线分别为盐靖高速、盐淮高速、申嘉湖高速、蚌淮高速、启扬高速、滁新高速。

比较好的方法，两点之间的直线距离最小，如果有直达高速公路是最为理想的。但从长三角城市的分布来看，很多城市的连线从其他城市周边经过，以沪宁线最为明显。在这种情况下，尤其是在最初高速公路的建设时，是极为不经济的方法，因此无法采用。即使到高速公路网络极其发达时，也不可能所有城市之间都有直线的高速公路。

根据现实情况，为了避免上述方法的不足，本书依据城市区位和高速公路射线来判断城市网络密度。具体方法如下：首先，统计出城市周边相连城市的个数（这里仅包括长三角地区的 30 个城市）；其次，对经过每个城市市辖区的高速公路进行统计；最后，将高速公路路线数与周边城市数进行比较，得到一个比值。

（三）数据特征与描述

由于本书将城市高速公路线和有效高速公路线分开统计，因此得到实际值和有效值这两组数值。从表 5—3 中可以看出，截至 2013 年，上海的有效值最高，达到了 2，即上海与周边城市相连的平均线路达到了 2 条。此外，江苏的徐州、扬州、淮安，浙江的宁波、舟山，安徽的淮南、马鞍山等市高速公路网络值也达到了 1，这表明其与周边城市平均线路为 1 条。三大省会城市南京、杭州以及合肥的高速公路网络值分别为 0.87、0.8 和 0.8。

表5—3　　　　　　2013 年长三角 30 个城市高速公路网络值

城市	实际值	有效值	城市	实际值	有效值
上海	2	2	宁波	1	1
南京	0.87	0.87	温州	1	0.5
无锡	0.4	0.2	嘉兴	0.83	0.67
徐州	1.5	1.5	湖州	0.5	0.5
常州	0.4	0.4	绍兴	0.67	0.33
苏州	0.6	0.6	金华	0.6	0.6
南通	0.4	0.4	衢州	0.67	0.67
连云港	0.75	0.75	舟山	1	1
淮安	1	1	台州	0.2	0.2
盐城	0.6	0.6	丽水	0.5	0.5

续表

城市	实际值	有效值	城市	实际值	有效值
扬州	1	1	合肥	0.8	0.8
镇江	0.5	0.5	芜湖	1	0.5
泰州	0.6	0.6	淮南	1	1
宿迁	1	0.67	马鞍山	1	1
杭州	1.2	0.8	滁州	0.5	0.5

数据来源：作者自行整理加工。

三 高速公路网络、城市群与城市效率

从发达国家的发展经验来看，高速公路网络的形成对地区经济发展的确带来了很大好处。高速公路网络的形成，加速了地区之间的人流、物流，从而改变地区的土地利用效率、人力资本效应以及产业集聚效应。从某种意义上来看，高速公路网络的形成促进了区域经济的一体化，因此对城市效率提升具有极大的帮助。

高速公路网与城市效率

前文的分析研究发现，加入长三角城市群能够有效地促进城市的土地利用效率提高，并且人力资本效应和产业集聚效应也逐步增加，从而影响着城市效率。如果只是简单地加入某一组织，城市或地区之间的经济往来并没有增加，那么这种加入显然无助于提升城市效率。而通过加入长三角城市群，不同城市之间的经济壁垒会消失，影响着长三角城市之间的一体化水平，从而降低交易成本。换句话说，加入长三角城市群只是行为，而长三角城市一体化才是真正的结果。

高速公路网络的建设，大幅减少了城市之间的时间距离，而这也会大幅降低企业交易成本。这一点在现实生活中是极为常见的，举个简单的例子：在高速公路网络尚未建设之前，从上海到南通的县级城市长途汽车需要6个小时，如果上海企业需要到南通企业进行业务洽谈，那么通常一天之内无法完成一个往返。因此，外出人员需要在当地住宿。但是，在高速公路网建成后，企业职员同样去完成一件事，则一天之内可以完成往返。这样，企业无论是时间成本还是差旅成本都会大幅下降，有利于企业获得更高的利润。当然，高速公路网络的建设仍然可以通过

土地利用效率、人力资本效应和产业集聚效应的提高来影响城市效率。

为了说明高速公路网络的建设对城市土地利用效率、人力资本效应以及产业集聚效应的影响，可以对两者进行回归。设定回归模型如下：

$$H_{i,t} = \kappa_0 + \kappa_1 hsr_{i,t} + \delta_{i,t} \qquad (5.1)$$

其中，$H = \{land, talent, industry\}$，$hsr$ 为城市高速公路网络值，$\delta_{i,t} = \eta_i + \mu_{i,t}$。并且，假定 $\delta_{i,t}$ 服从独立同分布（i.d.d）。表 5—4 给出了高速公路网络对城市土地利用效率、人力资本效应以及产业集聚效应的回归结果。从表 5—4 中可以看出，高速公路网络对城市土地利用效率、人力资本效应以及产业集聚效应回归系数分别为 6.7285、26.1293、4.0453，并且在 1% 的水平下，其影响都是十分显著的。

表 5—4　高速公路网络对城市土地利用效率、人力资本效应以及产业集聚效应的影响

变量	(5.1)	(5.2)	(5.3)
land	6.7285***		
talent		26.1293***	
industry			4.0453***
常数项	3.6295***	6.1176***	1.4110***
观察值	359	359	358
R^2	0.4957	0.4317	0.6116

注：*** 为显著性水平小于 1%。

根据表 5—4 的回归结果，可以知道高速公路网络对城市效率有着间接的影响。那么，高速公路网络是否会对城市效率还产生直接影响呢？为了证实这一问题，需要在（4.1）式的基础上设定计量模型：

$$cpr_{i,t} = \gamma_0 + \gamma_1 land_{i,t} + \gamma_2 talent_{i,t} + \gamma_3 industry_{i,t} + \gamma_4 hsr_{i,t} + \delta_{i,t} \qquad (5.2)$$

其中，$\delta_{i,t} = \eta_i + \mu_{i,t}$。并且，假定 $\delta_{i,t}$ 服从独立同分布（i.d.d）。与

（4.1）式相比，（5.2）式中增加了高速公路网络项，但减少了加入长三角城市群虚拟变量项。前文已经多次提到，加入长三角城市群只是一个行为，而这种行为需要有支撑。看一个城市群的效率，其中关键的一点是城市群质量如何。城市群的质量越高，则城市群内的城市效率通常也越高。而这种城市群质量如何体现呢？城市间交通网络的建设是一个重要的因素，通过交通网络的建设能够促进城市间的经济往来，这一点在上文中也已经得到了验证。那么，交通网络是否对城市效率产生直接影响呢？表5—5中（5.4）式—（5.8）式给出了高速公路网络对城市效率的直接影响。

表5—5　　　　　　　高速公路网络对城市效率的直接影响

变量	（5.4）	（5.5）	（5.6）	（5.7）	（5.8）
hsr	7.7175***	2.6533***	1.7678***	0.5604*	0.5760*
$land$		0.7526***	0.3886***	0.1301***	0.1442***
$talent$			0.1276***	0.1037***	0.0951***
$industry$				0.8818***	0.9050***
常数项	2.1842***	−0.5476***	−0.0070	−0.1631	−0.1861
观察值	359	359	359	358	358
R^2	0.5499	0.7908	0.8697	0.8961	
面板效应	固定效应				随机效应

注：***为显著性水平小于1%，**为显著性水平小于5%，*为显著性水平小于10%。

在（5.4）式—（5.8）式中，逐步增加土地利用效率、人力资本效应以及产业集聚效应。从表5—5中的结果来看，高速公路网络对城市效率的直接影响是十分显著的。为了验证这种显著的稳定性，表5—5给出了固定效应和随机效应的回归结果，从表5—5中可以看出两者是一致的，大致为0.56—0.58。这就表明高速网络对城市效率既产生间接影响，同时也产生了直接影响。由此，得到了本书研究的第五个研究结论。

结论5：高速公路网络的建设促进了城市群的深化发展，对城市群的效率有着显著的直接和间接影响，其间接影响主要通过土地利用效率、人力资本效应以及产业集聚效应这三个因素共同作用。

第二节   长三角城市群高速铁路网络与城市效率

随着交通工具的快速发展，高速铁路成为一些城市间的重要连接路线。但是，我国的高速铁路发展时间相对较短，网络尚未完善。同样是降低了城市间的贸易成本，高速铁路的发展对城市群效率有着怎样的影响？为了回答这个问题，本节对长三角城市中几条重要的高速铁路进行了详细的分析。

一   长三角高速铁路的建设

与高速公路相比，高速铁路的建设周期更长，网络密度较弱。但是，高速铁路的建设大大缩短了城市之间的"时间距离"，而且这种"时间距离"的缩短是大幅的。因此，从高速铁路开建以来，高速铁路对周边地区经济发展的影响就引起了极大的关注。也正因如此，各地区极力争取让高铁在本地设立站点，以期带动本地经济发展。

长三角城市群是我国经济发展最为发达的地区，高速铁路的建设也走在前列。高速铁路的发展有着一个循序渐进的过程，其前身为快速铁路（时速200km/h左右）。在2008年，合宁铁路客运专线通车，开启了长三角城市群内的快速铁路通行的历程。其后，2009年合武铁路客运专线、甬台温铁路、温福高速铁路等陆续开通。至此，长三角城市群内已经有合肥、南京、宁波、台州、温州等多个城市开启了动车出城。但是这一时期长三角城市群之间并没有动车高铁动脉的出现，从而对沿线城市经济发展的带动作用极为有限。

城市群铁路网络的真正发展需要有贯穿城市群内各城市的高速铁路，2010年沪宁城际高速铁路的开通拉开城市群内城市交通网络发展的序幕。沪宁城际高速铁路为城市群的发展提供了极大的方便，大大降低了上海到南京以及沿线城市苏州、无锡、常州、镇江的"时间距离"。同年，沪杭高铁开通，同样大大地降低了上海、嘉兴以及杭州的"时间距离"。高速铁路的通车将原来各城市之间的"时间距离"缩减了一半，出行效率大为提升。2011年，京沪高铁的开通则将沪宁城市高速铁路继续向西北延伸，增加了沪宁线城市与滁州、徐州等长三角城市的经济往来。值得一提的是，长三角城市群最初的建设是"一体两翼"，即以上海为中心、杭州和南京为两翼。从本质上而言，长三角城市群的"三角形"并未形成，这也是为何南京和杭州长期以来经济往来并不甚多的重要原因。与高速公路网的建设相似，长三角城市群中"三角形"的另一条边一直是缺少的。2013年，宁杭高铁的开通则打开了两城经济往来的通道，并带动沿线中小城市的经济发展。截至2013年，长三角高速铁路网络建设初具雏形，链接上海、苏州、无锡、常州、镇江、南京、滁州、徐州、合肥、杭州、宁波、台州、温州、嘉兴14个城市。截至2015年年底，除扬州、泰州和南通这三个城市之外，长三角城市群中其余的13个核心城市均已开通高铁。

表5—6　　　　　　2008—2013年长三角高速铁路网络建设

开通时间（年）	动车高铁线路	连接城市
2008	合宁铁路客运专线	合肥—滁州—南京
2009	合武铁路客运专线 甬台温铁路 温福高速铁路	合肥—其他城市 宁波—台州—温州 温州—其他城市
2010	沪宁城际高速铁路 沪杭城际高速铁路	上海—苏州—无锡—常州—镇江—南京 上海—嘉兴—杭州
2011	京沪高铁	上海—苏州—无锡—常州—镇江—南京— 滁州—徐州
2012	合蚌客运专线	合肥—其他城市
2013	宁杭高铁	南京—湖州—杭州

资料来源：作者自行整理加工。

二　高速铁路网与计量模型的设计

本章第一节详细探讨了几种测度高速公路网的强度的方法。事实上，高速铁路网和高速公路网是相似的。但是，由于我国高速铁路的建设尚短，即便是长三角城市群也没有形成极其发达的高速铁路网络。从表5—6

中可以看出，2008—2013 年，真正有效连接长三角城市群内各城市的高速线路只有甬台温铁路、沪宁城际高速铁路、沪杭城际高速铁路、京沪高铁以及宁杭高铁这五条专线。[①] 为了测度高速铁路对沿线城市和其他周边城市的影响，不妨分别将沿线城市和非沿线城市设置虚拟变量并分组，从而设定模型：

$$cpr_{i,t} = \gamma_0 + \gamma_1 land_{i,t} + \gamma_2 talent_{i,t} + \gamma_3 industry_{i,t} + \gamma \overrightarrow{hw}_{i,t} + \delta_{i,t} \quad (5.3)$$

其中，$\overrightarrow{hw}$ 为高铁沿线城市虚拟变量向量，$\overrightarrow{hw} = \{hyw, hhn, hhh, hjh, hnh\}$。$hyw$ 代表甬台温铁路、hhn 代表沪宁城际高速铁路、hhh 代表沪杭城际高速铁路、hjh 代表京沪高铁以及 hnh 代表宁杭高铁。如果某条高速铁路线，在具体的某一年经过该城市设站开通，则设定该值为 1，其余为零。比如，沪宁城际高速铁路在 2010 年开通，则上海、苏州、无锡、常州、镇江、南京 6 个城市在 2010 年及以后的几年中变量"hhn"取虚拟变量 1，其余的年份和地区都取虚拟变量 0。

此外，一些重要节点城市，如上海、南京、杭州同时是多条高速铁路的节点线，因而可以比较各条线对各个城市的影响。具体而言，可以根据固定效应估计的各城市相应变量系数，并将系数进行对比，从而判断各条高速铁路线的重要性。

三 高速铁路网对城市效率的直接效应分析

（一）高速铁路网对城市效率提升总效应分析

为了验证高速铁路对沿线城市效率的影响，本书设定了模型（5.3）式，从而可以测度高速铁路对沿线城市效率的贡献。表 5—7 给出了长三角五条主要高速铁路对沿线城市效率影响的固定效应回归结果。从表 5—7 中可以看出，甬台温铁路、沪宁城际高速铁路、沪杭城际高速铁路、京沪高铁以及宁杭高铁这五条高速铁路对沿线城市的效率都有显著的影响，在 5% 的显著性水平下都十分显著，并且系数分别达到了 3.3956、8.0628、

---

① 虽然合宁铁路客运专线连接了合肥、南京、滁州三个城市，但是这条专线只是一条动车专线，其时速设计为 200 km/h，因此不在本章讨论范围之内。

6.6863、8.3492 以及 7.2064。(5.16) 式将多条高速铁路的效应进行叠加，发现各条高速铁路对城市效率的影响在 10% 的显著性水平下仍然十分显著。

表 5—7　　　长三角五条主要高速铁路对沿线城市效率的总效应分析

变量	(5.11)	(5.12)	(5.13)	(5.14)	(5.15)	(5.16)
hyw	3.3956 **					2.0350 *
hhn		8.0628 ***				5.1680 ***
hhh			6.6863 ***			3.5682 ***
hjh				8.3492 ***		2.5870 **
hnh					7.2064 ***	2.8789 **
常数项	6.1083 ***	5.5002 ***	5.9229 ***	5.5992 ***	6.0878 ***	5.2846 ***
观察值	268	268	268	268	268	268
R^2	0.0225	0.3875	0.1332	0.3399	0.0821	0.4711

注：*** 为显著性水平小于 1%，** 为显著性水平小于 5%，* 为显著性水平小于 10%。

的确，正如上文所观察到的那样，这五条高速铁路对城市效率的影响存在显著的差异。相比较而言，沪宁高铁、沪杭高铁、京沪高铁以及宁杭高铁对城市效率的影响远远高于甬台温铁路。究其原因，主要是因为这几条高速铁路串联着一些大城市甚至特大城市，而且串联的城市数量相对更多，从而这几条高铁对城市效率的影响更加明显。

（二）高速铁路网对城市效率的直接效应分析

那么，这种效率的提升是直接效应还是间接效应呢？为了说明这一问题，需要将前文所提到的三个主要解释变量土地利用效率、人力资本效应以及产业集聚效应加入。表 5—8 中加入了这三个主要解释变量以及高速铁路的虚拟变量。从表 5—8 中可以看出，除沪杭高铁之外，其余四条高速铁路对沿线城市效率的直接影响都为正，但在 5% 的显著性水平下无一显著。而且沪杭高铁的直接影响也只是在 10% 的显著性水平下才显著。换句话说，这五条高速铁路尚未对城市效率产生显著的直接影响。

表5—8　　长三角五条主要高速铁路对沿线城市效率的直接效应分析

变量	(5.21)	(5.22)	(5.23)	(5.24)	(5.25)	(5.26)
land	0.0527	0.0584	0.0435	0.0655	0.0533	0.0667
industry	0.0679 ***	0.0584 ***	0.0691 ***	0.0585 ***	0.0684 ***	0.0588 ***
talent	1.4578 ***	1.4735 ***	1.5038 ***	1.4558 ***	1.4475 ***	1.4686 ***
hyw	0.2517					0.6152
hhn		0.5882 *				0.2407
hhh			− 0.6815 *			− 0.7657 *
hjh				0.7324 **		0.5442
hnh					0.3135	0.1412
常数项	− 0.4272 **	− 0.3567 *	− 0.4965 ***	− 0.3563 *	− 0.4062 **	− 0.4096 **
观察值	268	268	268	268	268	268
R^2	0.9133	0.9142	0.9143	0.9147	0.9133	0.9163

注：*** 为显著性水平小于1%，** 为显著性水平小于5%，* 为显著性水平小于10%。

四　高速铁路网对城市效率的间接效应分析

前文中也提到，高速公路网络的建设可以通过土地利用效率对城市效率起着正向的影响。那么，高速铁路对城市土地利用效率是否起到同样的影响呢？是不是每条铁路都能起到这种影响呢？

（一）高速铁路网对城市土地利用效率分析

为了说明这个问题，本书将高铁作为解释变量，回归高铁对城市土地利用效率，表5—9给出了长三角五条主要高速铁路对沿线城市土地利用效率的回归结果。从回归结果来看，沪杭高铁、沪宁高铁以及宁杭高铁对城市土地利用效率有着显著的影响。京沪高铁和甬台温铁路对城市土地利用效率影响为正，但在10%的显著性水平下十分不显著。但这两条高铁也是有着差异的，相比较而言，作为单独的一条高铁，京沪高铁对城市土地利用效率有着正向的显著的影响。但是，这种影响在与沪宁高铁等高铁的对比下变得十分不显著。

表5—9　　　长三角五条主要高速铁路对沿线城市土地利用效率分析

变量	(5.31)	(5.32)	(5.33)	(5.34)	(5.35)	(5.36)
hyw	2.0820					0.5674
hhn		6.1277 ***				4.4661 ***
hhh			6.0343 ***			3.9722 ***
hjh				6.0335 ***		0.9394
hnh					5.5725 ***	2.3597 *
常数项	7.4009 ***	6.9220 ***	7.2006 ***	7.0205 ***	7.3668 ***	6.7598 ***
观察值	268	268	268	268	268	268
R^2	0.0096	0.2546	0.1234	0.2020	0.0558	0.3245

注：*** 为显著性水平小于1%，* 为显著性水平小于10%。

（二）高速铁路网对城市产业集聚效应分析

从表5—9中可以看出，并非所有的高铁对沿线城市的土地利用效率都产生影响。那么，高铁对沿线城市的产业集聚又会产生怎样的影响？同样，将五条高速铁路对城市产业集聚效应进行回归，表5—10给出了回归结果。从表5—10中可以看出，五条高速铁路中甬台温铁路和宁杭城际高速铁路并没有对产业集聚产生显著的影响。相比较而言，沪宁城际高铁产生的产业集聚效应要远远大于沪杭城市高铁和京沪城际高铁，达到了26.7739。

表5—10　　　长三角五条主要高速铁路对沿线城市产业集聚效应分析

变量	(5.41)	(5.42)	(5.43)	(5.44)	(5.45)	(5.46)
hyw	12.8069 **					6.1245
hhn		38.5883 ***				26.7739 ***
hhh			31.1347 ***			17.5251 ***
hjh				39.0782 ***		11.1008 **
hnh					25.6277 ***	4.5427
常数项	21.5523 ***	18.5267 ***	20.5883 ***	19.0661 ***	21.5043 ***	17.6812 ***
观察值	268	268	268	268	268	268
R^2	0.0175	0.4834	0.1573	0.4056	0.0565	0.5575

注：*** 为显著性水平小于1%，** 为显著性水平小于5%。

（三）高速铁路网对城市人力资本效应分析

前文中提到，影响城市效率的三个主要因素包括土地利用效率、产业集聚效应和人力资本效应。那么，高速铁路对人力资本效应的影响又如何？表5—11给出了长三角五条主要高速铁路对沿线城市人力资本效应的影响。从表5—11中可以看出，甬台温铁路和京沪高铁没有对沿线城市的人力资本效应产生显著的影响，沪宁高铁、沪杭高铁以及宁杭高铁对沿线城市则产生了十分显著的影响，并且系数分别达到了2.0807、2.0692以及1.5751。

表5—11　　长三角五条主要高速铁路对沿线城市人力资本效应分析

变量	(5.51)	(5.52)	(5.53)	(5.54)	(5.55)	(5.56)
hyw	1.4849**					0.6959
hhn		3.3005***				2.0807***
hhh			3.2941***			2.0692***
hjh				3.3900***		0.9040
hnh					3.3461***	1.5751***
常数项	3.2119***	2.9662***	3.1143***	3.0088***	3.1994***	2.8626***
观察值	268	268	268	268	268	268
R^2	0.0225	0.3384	0.1685	0.2921	0.0922	0.4510

注：*** 为显著性水平小于1%，** 为显著性水平小于5%。

高速铁路对人力资本效应的影响与其对土地利用的效率来看，两者的作用是相似的。这一点也是比较容易理解的，土地的利用效率受到土地上所居住以及工作的人群的教育程度等综合素质的影响。因此，在高铁对人力资本的流动产生的影响不足的情况下，也会导致土地利用效率的不足。为了更加清晰地看出高速铁路对城市效率的间接影响以及通过哪种途径对城市效率产生影响，表5—12将上述表5—7至表5—11的结果进行综合分析。

表 5—12　　　长三角五条主要高速铁路对沿线城市效率影响分析

变量	城市效率	土地利用效率	产业集聚效应	人力资本效应
甬台温铁路	-	-	-	-
沪宁高铁	+	+	+	+
沪杭高铁	+	+	+	+
京沪高铁	+	-	+	-
宁杭高铁	+	-	-	+

注："+"表示在 5% 的显著性水平下有着显著的正向影响，"-"表示在 5% 的显著性水平下无显著影响。

综合而言，甬台温铁路对沿线城市效率没有显著影响；沪宁高铁和沪杭高铁对沿线城市效率都有显著正向的影响，并且这种影响是通过土地利用效率、产业集聚效应以及人力资本效应三个因素来传导的；尽管京沪高铁和宁杭高铁能够有效地促进城市效率的提升，但是京沪高铁只是通过产业集聚效应来促进沿线城市效率的提升，而宁杭高铁则是通过人力资本效应促进城市效率的提升。根据上文的分析，得到了结论 6。

结论 6：沪宁高铁、沪杭高铁、京沪高铁以及宁杭高铁对城市效率的影响远远高于甬台温铁路，但这五条高速铁路截至 2013 年都未能对城市效率产生显著的直接影响。间接影响方面，甬台温铁路对沿线城市效率没有显著影响；沪宁高铁和沪杭高铁对沿线城市效率都有显著正向的影响，并且这种影响是通过土地利用效率、产业集聚效应以及人力资本效应三个因素来传导的。尽管京沪高铁和宁杭高铁能够有效地促进城市效率的提升，但是京沪高铁只是通过产业集聚效应来促进沿线城市效率的提升，而宁杭高铁则是通过人力资本效应促进城市效率的提升。

第三节　多层次交通网络与城市群效率

上文分析表明，交通网络体系能够提升城市群的效率。2015 年，国家发展改革委员会和交通运输部两部门联合印发了《城镇化地区综合交通网规划》的通知，并提出明确的目标，指出要加强城镇化地区内部综合交通网络建设，并且在 2020 年三大城市群基本建成城际交通网络。①
规划中提出需要完善城镇化地区间综合运输通道以及城镇化地区内部综
合交通网。其中，前者强调高效连通城镇化地区以及省会城市、大中城
市和重要口岸，即城市群之间的通达性；后者则强调构建城镇化地区内
部综合交通网，强调核心城市、节点城市以及小城镇间的通达性。通过
优化交通网络，促进城市群效率提升。那么，多层次的交通网络能否促
进城市群效率？多层次的交通网络又应该如何来设计？

一　多层级的交通网络化

在经历了 2010 年和 2013 年两次大的扩容后，长三角城市群由原来的
16 个城市扩张到 30 个城市。2014 年，长三角城市群进一步拓宽到上海、
江苏、浙江、安徽"三省一市"。同年，在长三角区域合作协调机制的最
重量级会议中提出了"以上海为中心，以南京、杭州、合肥为副中心"
的长三角城市群发展计划。上海、南京、杭州、合肥不仅是长三角城市
群中的重要城市，同时也是区域性的中心城市。长三角城市群中的其他
地级城市则构成了核心城市，围绕地级城市构建的县级城市则组成了节
点城市。

（一）中心城市的交通网络化

从前文的分析中可以看出，杭州、合肥都有链接其他省份的重要高
速公路线和高速铁路线，而这些线路同样会为这些中心城市的效率带来
提升。中心城市间的交通网络化不仅能够提高该城市的效率，同时还能
促进城市群之间的关联，从而通过外部城市群的溢出效应来促进城市群
效率的提升。由于中心城市之间的距离通常相对较远，但同时又不是十
分远的距离，因此，高铁的出行效率远远高于高速公路和飞机，高铁在
中心城市之间的通行显得格外重要。

2008—2013 年，连接长三角中心城市的动车以及高速铁路包括合宁

---

① 详细规划为：重点加强城镇化地区内部综合交通网络建设，至 2020 年，京津冀、长江
三角洲、珠江三角洲三大城市群基本建成城际交通网络，相邻核心城市之间、核心城市与周边节
点城市之间实现 1 小时通达，其余城镇化地区初步形成城际交通网络骨架，大部分核心城市之
间、核心城市与周边节点城市之间实现 1—2 小时通达。展望 2030 年，基本建成城镇化地区城际
交通网络，核心城市之间、核心城市与周边节点城市之间实现 1 小时通达。

专线（2008）、沪宁城际（2010）、沪杭城际（2010）、宁杭高铁（2013）。与这四个中心相连的其他高速铁路包括杭甬高铁（2010）、京沪高铁（2011）、合蚌客运专线（2012）。其中，京沪高铁（2011）连接了长三角城市群和京津冀城市群，开启了城市群之间的通道。两条高速铁路杭长高铁（2014）、合福高铁（2015）的开通，则连接了长三角和珠三角城市群。

（二）核心城市的交通网络化

除上述四个中心城市外，截至2015年年底，长三角城市群包括38个地级城市。从长三角高铁发展的情况来看，高铁建设仍然是围绕着上海、南京、杭州和合肥四个中心城市而建，地级城市之间尚未单独建立连线。虽然长三角城市群已经有17个城市通高铁或动车[①]，但是截至2015年年底，地级城市尚未建立高铁网络线。除了蚌埠和徐州两个交通枢纽城市之外，其他地级城市都没有不同高速或动车线路的交叉。换句话说，地级城市之间只是部分形成了连线，尚未形成网络。

相比较而言，地级城市之间的连线更多的是高速公路网络。本章的第一节已经分析过各城市的高速公路网络值。从数据上来看，各省内的地级市与相邻地级市高速全贯通，已经形成了最基本的网络。此外，尤其是在2013年之后，地级城市之间的高速公路网络有两个方向的新发展趋势。第一，一些地级城市与不相连的地级城市之间也有高速连接。第二，一些地级城市与其他省份地级城市之间形成新的高速公路连线。第一种发展趋势体现了高速公路网络化的升级深化，其目的显而易见，加强城市之间的联系而避免绕道而行。第二种发展趋势则体现地级城市不仅仅局限于省内发展，逐步跨越省界，促进长三角城市群的一体化发展。上述无论是哪种发展模式，都是长三角城市群核心城市强化经济关联的发展方向。

（三）节点城市的交通网络化

从经济规模上来看，长三角县级城市多数属于节点城市。与地级城

---

① 这17个城市分别是京沪线的苏州、无锡、常州、镇江、滁州、蚌埠，合蚌线淮南、合武线的六安、宁杭线湖州、沪昆线的嘉兴、义乌、金华、衢州以及杭甬线绍兴、宁波和甬台温线的台州、温州。

市相比，县级城市在城市等级体系中处于更低的层级。在交通网络的规划建设中，通常最先考虑中心城市，其次是核心城市，最后才是节点城市，这一点可以从国家在交通网络的规划中清晰地观察到。从长三角的高速铁路网络也可以看到，目前仅有高铁沿线的几个县级城市开通高铁，开通高铁的县级城市比例不足 15%。因此，长三角节点城市的交通网络中高铁的重要性大幅下降。

在地级城市高速公路网络的建设中，沿线节点城市顺利搭上通高速的便车。但一些非沿线节点城市仍然没有能够通高速。截至 2015 年年底，长三角"三省"中仅有江苏省已经实现了全部县城通高速的目标。根据浙江省和安徽省的规划，浙江省（除海岛县）和安徽省都将在 2020 年实现"县县通高速"。① 整体而言，县级城市之间尚未建立起健全的高速公路网络，但长三角各省都已经着手建立省级高速公路网络。所幸的是，国道、省道的建设已经遍及各县，并已经形成了完善的交叉网络。因此，与中心城市和核心城市相比，国道以及省道是县级城市交通网络的主要组成部分。

二 多层级交通网络对城市效率的影响分析

上文分析中已经指出，高铁在中心城市的经济往来作用正在逐步增加，而高速铁路对核心城市的效率有着重要的意义，省道和国道则对节点城市的城市效率有着重要的影响。在三种交通网络和三级城市体系中，形成了多层级的交通网络。

在前文的分析中已经花了大量的篇幅来说明高铁和高速公路网络。受目前数据的限制，本书对高铁只能采用虚拟变量的方法。同样，在本节分析中也将继续采用虚拟变量的方法。凡是有高铁经过的节点城市、核心城市以及中心城市都统一设置虚拟变量"1"。高速公路网络的测度则采用与第一节完全相同的方法，即高速公路通达性。受数据的限制，这里并不打算测度省道和国道通达性。如果有充分的数据，事实上可以

---

① 资料来源：《安徽省五年内将县县通高速》（http://ah.anhuinews.com/system/2016/01/31/007200891.shtml）。《5 年后，除海岛县外，浙江县县通高速》（http://news.sina.com.cn/c/2016-01-22/doc-ifxnvhvu6974537.shtml）。

采用公路密度来代表各节点城市的公路网络。同时，为了测度多层级交通网络的作用，本书将高速公路网络和高铁线放到同一个方程中来测度，从而设定计量模型：

$$cpr_{i,t} = \gamma_0 + \gamma_4 hsr_{i,t} + \gamma_5 hrw_{i,t} + \delta_{i,t} \qquad (5.4)$$

这里将中心城市和核心城市进行分组，以便考察高铁和高速公路对不同组别的影响。同时，为了看出交通网络对城市发展的影响，在表5—13中分析了多层交通网络对城市效率的影响。从表5—13中可以看出，2008—2013年，中心城市的高速铁路和高速公路都对城市效率产生了显著正向的影响，两者系数指标为0.314。如果将时间段缩减到2010—2013年，则会发现高速公路对中心城市的影响降低，并且变得不显著。相反，高速铁路的影响仍然是十分显著的。这就表明，中心城市的高速公路对城市效率的影响作用在下降，而高速铁路对中心城市效率的影响在增加，这与前文的分析是一致的，即强调中心城市的高速铁路建设。

表5—13　　　　　　　　长三角多层交通网络对城市效率影响分析

	2008—2013 年		2010—2013 年	
	中心城市	核心城市	中心城市	核心城市
高速公路	4.4452 ***	3.9264 ***	1.5153	2.4503 ***
高速铁路	1.3958 ***	0.1516	1.3474 ***	0.5750 ***

注：*** 为显著性水平小于1%。

仍然，从表5—13中可以看出，核心城市的高速公路作用也在下降，高铁的作用正在上升。2008—2013年，核心城市的高铁并没有显著的影响。但是，在2010—2013年，高铁的作用逐步体现出来。从我国高铁建设的历程来看，2010年后高速铁路快速发展，高铁沿线的核心城市间逐步串联起来，强化了相互之间的经济往来。但是，核心城市之间的高铁效应远远没有发挥出来，正处于快速发展的阶段。值得一提的是，在研究的样本期间，核心城市的高速公路网络的效应仍然是相对较强的，这也与前文分析的核心城市层级交通网络中的作用是一样的。

　　尽管缺乏县级城市的数据，但是从交通地图中仍然能获得一些重要的信息。图5—1给出了长三角城市群部分城市的高速公路和国省道地图，图中深颜色线路为高速公路线，浅颜色线路为国道、省道以及城市主干道路。从图5—1中可以看出，相比高速公路网络，国道、省道以及城市主干道路的密度要大得多。虽然节点城市之间的高速公路网越来越发达，但节点城市之间的交通连接仍然是依靠国道、省道以及城市主干道路。比如，如东县有一条通往南通市区的高速公路，但是其余周边的如皋市、海门市以及启东市的省道距离要远远小于高速公路距离。因此，高速公路在这些节点城市之间的作用并不会太强。相反，国道以及省道在主干城市的连接中具有更大的作用。

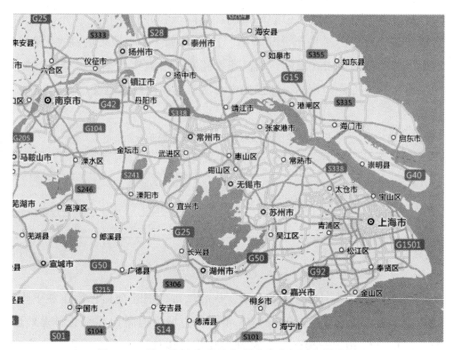

图5—1　长三角城市群城市高速公路与国省道地图

三　交通网络层级提升

　　城市群的发展过程中，伴随着交通网络层级的升级，从最初的省道、国道连接城市，到高速公路，再到高铁，中国城市间的交通经历了一次次大的提升。根据现有的数据，继续对交通网络层级的提升进行研究。为了进行分析，这里选择分位数回归的方法，通过分位数回归中心城市的城市效率。同样，选择的研究周期为 2008—2013 年和 2010—2013 年，表 5—14 分别给出了这两个不同时期的结果。

表 5—14　　　长三角高速公路和高速铁路城市效率分位数回归分析

		2008—2013 年		2010—2013 年	
		系数	P 值	系数	P 值
q10	hsr	0. 2032337	0. 830	− 1. 315079	0. 354
	hw	1. 932305	0. 001	1. 908233	0. 000
q25	hsr	0. 8892337	0. 590	− 1. 277319	0. 478
	hw	2. 201567	0. 007	2. 147212	0. 016
q50	hsr	3. 978667	0. 000	2. 697003	0. 272
	hw	2. 644896	0. 000	2. 179341	0. 014
q75	hsr	4. 070929	0. 011	3. 542952	0. 052
	hw	2. 452117	0. 002	2. 32428	0. 063

从表 5—14 中可以看出，在 10% 和 25% 的回归中，城市高速公路对城市效率的影响并不显著。而在 50% 以及 75% 的回归中，城市高速公路对城市效率的影响是十分显著的。从中可以看到，随着城市效率的提升，城市高速公路的作用对城市效率的影响正在逐步减小。在高速铁路快速发展的2010—2013 年，甚至于 50% 的回归中城市高速对城市效率的影响也变得不显著了。而从数值上来看，后一时期的高速铁路相对高速公路的贡献更大。由于在 2010—2013 年中位数回归结果已经变得不显著，因此选择 75% 的回归。从中可以看出，高速铁路与高速公路的比值已经从原来的 0.6 变成了0.66。换句话说，城市高速铁路对核心城市的重要性正在随着时间的推移而加强，核心城市的交通网络层级正在不断地提升。

结论 7：中心城市、核心城市以及节点城市形成各有偏重的多层级的城际交通网络体系，中心城市更加偏向于高速铁路，核心城市更加偏向于高速公路，而节点城市则主要偏向于国省道。随着城际交通的发展，城际高速铁路对核心城市的重要性正在随着时间的推移而加强，核心城市的交通网络层级正在不断地提升。

第四节 基本结论

本章采用 1999—2013 年面板数据对长三角城市群交通网络提升城市效率进行了研究。文中首先对城市群中的高速公路网络进行了分析，根据江、浙、沪、皖三省一市的 23 条国家高速公路和 6 条省级高速公路以及城市相连区域构建高速公路网络值，并对高速公路网络值与城市效率之间的关系采用固定面板效应进行检验。其次，本章第二节根据长三角城市群内的五条重要的高速铁路（甬台温铁路、沪宁城际高速铁路、沪杭城际高速铁路、京沪高铁以及宁杭高铁）计算长三角各城市的高速铁路网络值，并对高速铁路的直接效应和间接效应采用固定面板效应进行了分析。最后，本章第三节对长三角城市群交通网络层级对城市效率的影响进行了研究。文中采用面板固定效应以及分位数研究方法对高速公路和高速铁路城市效率分位数回归分析，以此来说明长三角城市群的交通网络提升。

本章主要研究结论如下，具体包括三个方面的内容：

第一，高速公路网络的建设促进了城市群一体化的程度，对城市效率有着显著的直接和间接影响，其间接效用通过土地利用效率、人力资本效应以及产业集聚效应这三个因素共同作用。

第二，沪宁高铁、沪杭高铁、京沪高铁以及宁杭高铁对城市效率的影响远远高于甬台温铁路，但这五条高速铁路截至 2013 年都未能对城市效率产生显著的直接影响。间接影响方面，甬台温铁路对沿线城市效率没有显著影响；沪宁高铁和沪杭高铁对沿线城市效率都有显著正向的影响，并且这种影响是通过土地利用效率、产业集聚效应以及人力资本效应三个因素来传导；尽管京沪高铁和宁杭高铁能够有效地促进城市效率的提升，但是京沪高铁只是通过产业集聚效应来促进沿线城市效率的提升，而宁杭高铁则是通过人力资本效应促进城市效率的提升。

第三，中心城市、核心城市以及节点城市形成各有偏重的多层级的城际交通网络体系，中心城市更加偏向于高速铁路，核心城市更加偏向于高速公路，而节点城市则更主要地依靠国省道来与周边其他城市形成交通网络。随着城际交通的发展，城际高速铁路对核心城市的重要性正在随着时间的推移而加强，核心城市的交通网络层级正在不断地提升。

第 六 章

长三角城市群规模扩大与
城市效率实证研究

在第二章的理论回顾中，Henderson 的研究表明城市规模并非是越大越好，城市有着最优的规模。同样，本书在第三章的理论研究中也指出，城市群规模与城市规模有着相似的特征，有着最优的城市群规模。第四章和第五章的研究表明，长三角城市群的形成以及城际交通网络的形成（城市群深化发展）对城市效率有着显著的提高。这里就衍生出一个问题：城市群广化发展（城市群规模扩大）对城市效率又有着怎样的影响？

长三角城市群在经历过 2010 年和 2013 年两次大规模的扩张后，2014 年吸纳了整个安徽省。那么，在长三角城市群大规模的扩充后，城市群是否还能保持着较高的效率呢？尤其是，城市与城市之间的溢出效率又将如何变化呢？为了解释这个问题，本章首先采用空间计量经济学中的空间自回归模型和空间误差模型对城市效率的空间相互作用和相互溢出进行了研究。其次，在新城市加入城市群后，对新城市间的效率溢出、核心区城市间的效率溢出以及非中心城市的效率溢出进行详细的分析。最后，采用类似于市场潜能的方法，本书对中心城市的溢出效应构建了指标，并分析中心城市对其他城市的影响。通过对中心城市以及副中心城市溢出的分析，从而判断长三角城市群的副中心城市是否起到区域规划中的作用。

第一节　长三角城市效率的空间溢出

城市群的形成会促进城市间经济往来，从而在城市间存在效率溢出。城市间效率溢出的途径是多方面的，可以通过人力资本等要素的流动，也可以通过生产和贸易等经济行为。增长溢出的同时，伴随着效率的溢出。城市群的形成，促进城市之间的经济往来，是否会促进城市群内的各个城市之间的效率溢出？城市群形成对原来的城市群内的城市效率空间又会产生怎样的影响？为了回答这两个问题，本节通过空间计量说明这种影响。

一　计量模型与数据

本节考察城市效率在空间上的关联性，而考察这种关联性使用空间计量的方法是国内外目前主流的研究方法。相比较而言，当经济变量在空间上存在关联性时，普通的最小二乘估计（OLS）会存在偏误，从而导致估计结果变得不可信。为了克服这种不足，近年来，国内外有着大量的空间计量实证研究成果出现。尽管空间计量有着种种不足（Anselin，2010），但随着空间计量的发展，空间计量模型越来越成熟，尤其是做空间溢出的研究，可以根据城市效率在空间的关联性是否显著而判定城市间是否存在着效率的溢出。并且，可以根据估算的空间关联系数来说明城市在空间效率的溢出上随着地理距离的变化而变化。因此，本节研究中选择空间计量的研究方法是相对较为合理的。

为了避免估计的有偏性，本书研究中采用相对较为成熟的极大似然估计，设定空间计量模型：

$$
\begin{cases}
cpr_{i,t} = \rho \sum_{j \neq i}^{N} W_{i,j} cpr_{i,t} + \gamma_1 land_{i,t} + \gamma_2 talent_{i,t} + \gamma_3 industry_{i,t} + \eta_i + u_{i,t} \\
u_{i,t} = \lambda M u_{i,t} + \varepsilon_{i,t}
\end{cases}
$$

$$(6.1)$$

与（4.1）式相比，（6.1）式中增加了空间权重矩阵 W。其中，ρ 为空间滞后回归系数，λ 为空间误差回归系数。为了测度空间滞后回归系数和空间误差回归系数，对应地，采用空间自回归模型（Spatial Autoregressive Model，SAR）和空间误差模型（SEM）来测度城市效率在时间和空间上的影响。

从（6.1）式中看到模型回归中有一个空间权重矩阵，该矩阵的设定会直接影响最终的估计结果，这也是为何空间计量经济学经常受到质疑的重要原因。从现有的文献来看，多数文献仍然是采用简单的区域空间相连与设置"0"或"1"值作为空间权重矩阵。但是，这种方式相对较为简单。在空间计量经济学的研究中，空间地理距离矩阵逐步得到广泛的应用。鉴于此，本书研究中采用城市间的地理距离倒数矩阵作为空间权重。地理距离采用经纬度计算球面距离的方法。需要指出的是，由于采用空间计量的方法，面板数据需要的是平衡的数据。而在样本中有部分地市的年份数据缺失，从而不得不将其剔除。① 最终，选择了江苏、浙江、安徽和上海"三省一市"中的 35 个城市。样本的时间序列保持不变，仍然为 1999—2013 年。从而面板数据样本总数为 525 个，构建了一个 35×35 的矩阵用于空间计量的估计。

二 城市效率存在溢出吗？

为了测度城市效率的空间溢出，这里选择了两个回归模型：空间自回归模型（SAR）和空间误差模型（SEM）。空间自回归模型也被称为空间滞后模型（Spatial Lag Model，SLM），反映因变量的影响通过空间传导机制而影响其他地区；空间误差模型则反映区域外溢是随机冲击的结果。在空间自回归模型中，（6.1）式中的 ρ 可以测度观察值之间的相互作用程度，同时 $\lambda = 0$。由于空间误差模型中主要考察外溢的影响，因而式（6.1）中的 ρ 为零，但是 λ 不为零，其外溢影响可以通过 λ 来测度。

（一）城市效率溢出滞后影响

表 6—1 给出了城市溢出效率的空间自回归估计结果。从表 6—1 中可以看出，城市效率在空间的相互影响程度 ρ 值达到了 1.9475，并且在 1%

---

① 数据中剔除了浙江省的丽水以及安徽省的滁州、亳州、池州和宣城共计 5 个城市。

的显著性水平下十分显著。土地利用效率、产业集聚效应和人力资本效率在 5% 的显著性水平下也是十分显著的，并且其系数分别达到了 0.0792、0.1052 和 0.3975。

表 6—1　　　　　城市效率空间自回归估计结果

	系数	标准误差	z	P 值	95% 置信区间	
主要变量						
land	0.0791817	0.0366853	2.16	0.031	0.0072798	0.1510837
industry	0.1051662	0.006366	16.52	0.000	0.0926891	0.1176432
talent	0.3974959	0.0775934	5.12	0.000	0.2454157	0.5495761
常数项	−0.0117912	0.2479264	−0.05	0.962	−0.497718	0.4741356
空间效应						
ρ 值	1.947527	0.2348725	8.29	0.000	1.487186	2.407869
协方差						
lgt_theta	−1.595609	0.1513245	−10.54	0.000	−1.892199	−1.299018
sigma_e	0.803305	0.0514167	15.62	0.000	0.70253	0.9040799
直接效应						
land	0.0792896	0.0313203	2.53	0.011	0.017903	0.1406761
industry	0.1066077	0.0070891	15.04	0.000	0.0927133	0.120502
talent	0.4034028	0.079665	5.06	0.000	0.2472622	0.5595434
间接效应						
land	0.0377303	0.0150506	2.51	0.012	0.0082317	0.0672289
industry	0.0516315	0.0106583	4.84	0.000	0.0307417	0.0725213
talent	0.1901388	0.0298358	6.37	0.000	0.1316616	0.2486159
总效应						
land	0.1170199	0.044839	2.61	0.009	0.0291371	0.2049026
industry	0.1582392	0.014159	11.18	0.000	0.1304881	0.1859903
talent	0.5935416	0.0963289	6.16	0.000	0.4047404	0.7823427

进一步地，在空间自回归的模型中协方差矩阵并不是正定的矩阵。因此，可以按照 Rebonato and Jäckel（2000）的方法，通过程序计算出一个修正的正定矩阵（modified positive definite），并且给出直接的、间接的以及总的标准误差。从表 6—1 中可以看出，无论是直接的、间接的或者

是总的标准误差中，土地利用效率、产业集聚效应以及人力资本效应其系数都为正，并且在5%的水平下显著性为正。

那么，这种空间相关性是源于效率的自相关还是源于其他解释变量的作用？为了回答这个问题，需要进一步做被解释变量城市效率的一阶滞后性的回归。表6—2给出了城市溢出效率的空间滞后回归估计结果。从表6—2中可以看出，城市效率的一阶滞后在1%的显著性水平下显著为正，但土地利用效率、产业集聚效应和人力资本效应的回归系数都不显著，并且空间的相互影响程度也变得不再显著。

表6—2　　　　　　　　　　城市效率空间滞后回归估计结果

	系数	标准误差	z	P 值	95% 置信区间	
主要变量						
L. cpr	1. 065198	0. 0132358	80. 48	0. 000	1. 039256	1. 09114
land	0. 0176072	0. 0109151	1. 61	0. 107	− 0. 003786	0. 0390004
industry	0. 0026	0. 0017221	1. 51	0. 131	− 0. 0007752	0. 0059753
talent	0. 0124204	0. 0250912	0. 50	0. 621	− 0. 0367574	0. 0615983
常数项	0. 0483085	0. 0484088	1. 00	0. 318	− 0. 046571	0. 143188
空间效应						
ρ 值	0. 0422354	0. 0646405	0. 65	0. 514	− 0. 0844577	0. 1689285
协方差						
lgt_theta	0. 0951645	0. 0268276	3. 55	0. 000	0. 0425833	0. 1477457
sigma_e	0. 4009559	0. 0133185	30. 11	0. 000	0. 3748521	0. 4270597
直接效应						
land	0. 0184563	0. 0120934	1. 53	0. 127	− 0. 0052464	0. 0421589
industry	0. 0026196	0. 0017503	1. 50	0. 134	− 0. 0008108	0. 0060501
talent	0. 0114243	0. 0249084	0. 46	0. 646	− 0. 0373953	0. 0602439
间接效应						
land	0. 0000873	0. 0002344	0. 37	0. 710	− 0. 0003722	0. 0005468
industry	0. 0000218	0. 000035	0. 62	0. 533	− 0. 0000468	0. 0000904
talent	− 0. 0000152	0. 0002972	− 0. 05	0. 959	− 0. 0005978	0. 0005673
总效应						
land	0. 0185436	0. 012106	1. 53	0. 126	− 0. 0051837	0. 0422709
industry	0. 0026414	0. 0017664	1. 50	0. 135	− 0. 0008206	0. 0061035
talent	0. 0114091	0. 0250539	0. 46	0. 649	− 0. 0376957	0. 0605139

从上文的分析中可以看出，采用空间自回归时发现城市效率存在着滞后影响。但是，城市效率在空间上的影响源自于当期的土地利用效率、产业集聚效应和人力资本效应。无论是土地利用效率、产业集聚效应，还是人力资本效应，其对城市效率在空间上的影响都是显著的。并且，空间的相互影响程度高达1.9475，远远高于土地利用效率、产业集聚效应和人力资本效应系数。因此，可以认为其城市效率的空间相互影响是存在的，并且十分明显。

（二）城市效率空间溢出影响

从空间自回归模型中看出，直接的、间接的以及总的标准误差的估计系数都显著为正。那么，城市效率在空间是否存在溢出？为了说明这个问题，本书采用空间误差模型来做计量分析。该模型的最大好处是可以测度空间溢出效应，而这也与本书想测度的城市效率溢出是完全一致的。

表6—3给出了城市溢出效率的回归估计结果，计量采用空间误差模型来估计。从表6—3中可以看出，空间溢出系数为3.92，在1%的显著性水平下完全显著。土地利用效率、产业集聚效应和人力资本效应估计系数分别为0.1280、0.1039和0.6041，并且在1%的显著性水平下完全显著。这就表明，城市效率除空间传导机制外，存在着空间的相互溢出，这种溢出对城市效率的提高具有重要的意义。

表6—3　　　　　　　城市效率空间溢出回归估计结果

	系数	标准误差	z	P 值	95% 置信区间	
主要变量						
land	0.1280461	0.0386099	3.32	0.001	0.0523722	0.2037201
industry	0.1039347	0.0069051	15.05	0.000	0.090401	0.1174684
talent	0.6040543	0.1126281	5.36	0.000	0.3833073	0.8248013
常数	0.6659965	0.4092877	1.63	0.104	− 0.1361928	1.468186
空间效应						
λ	3.922869	0.5315699	7.38	0.000	2.881012	4.964727
方差						
ln_phi	0.8401707	0.2597257	3.23	0.001	0.3311178	1.349224
sigma2_e	0.8480057	0.0562083	15.09	0.000	0.7378395	0.9581719

三 城市群扩容与城市效率

从上文的分析中可以看出，城市效率存在着空间的传导和空间的溢出。不妨分析在 2010 年之前，长三角核心城市的城市效率之间空间相互影响，以此来分析长三角城市群城市效率在空间上的影响是否吸引着外围城市的加入，同时观察长三角城市群扩容后的城市效率在空间上的相互影响。

（一）长三角核心城市效率空间影响

表 6—4 中给出了 1999—2009 年长三角 15 个核心城市效率空间自回归估计结果。从表 6—4 中可以看出，与长三角 35 个城市 1999—2013 年样本相比，有以下三个方面的变化：（1）空间相互作用系数更大。15 个核心城市效率的空间相互作用系数达到了 2.53，而 35 个城市效率样本的空间相互作用系数为 1.9475。换句话说，长三角核心城市效率在空间上相互影响更强。（2）土地利用效率系数变得不显著。在 35 个城市的分析中，长三角城市群内城市效率的土地利用效率系数显著为正。而在长三角核心城市的分析中发现，系数虽然仍然为正，但并不显著。换句话说，长三角核心城市的土地利用效率在样本期间尚未得到体现。（3）产业集聚效应和人力资本效应系数的不同。在 35 个城市的样本中，产业集聚效应和人力资本效应系数分别为 0.1052 和 0.3975，但是在 15 个核心城市中两个系数分别为 0.0611 和 0.8159。换句话说，长三角核心城市的产业集聚效应影响要小于 35 个城市样本，但是人力资本效应要大于 35 个城市样本。

表 6—4　长三角核心城市效率空间自回归估计结果（1999—2009）

	系数	标准误差	z	P 值	95% 置信区间	
主要变量						
land	0.027657	0.0411968	0.67	0.502	-0.0530872	0.1084011
industry	0.0611001	0.0092878	6.58	0.000	0.0428963	0.0793039
talent	0.8158707	0.1591716	5.13	0.000	0.5039001	1.127841
常数项	-0.0190009	0.2853346	-0.07	0.947	-0.5782464	0.5402446
空间效应						
ρ 值	2.533222	0.4016901	6.31	0.000	1.745923	3.32052

续表

	系数	标准误差	z	P 值	95% 置信区间	
协方差						
lgt_theta	-1.508258	0.2420476	-6.23	0.000	-1.982662	-1.033853
sigma_e	0.3506078	0.0407552	8.60	0.000	0.270729	0.4304865
直接效应						
land	0.0275472	0.0356052	0.77	0.439	-0.0422377	0.0973322
industry	0.0631763	0.0106426	5.94	0.000	0.0423171	0.0840355
talent	0.8320938	0.1593816	5.22	0.000	0.5197116	1.144476
间接效应						
land	0.0126009	0.0168382	0.75	0.454	-0.0204014	0.0456031
industry	0.0306158	0.0101503	3.02	0.003	0.0107215	0.0505101
talent	0.387203	0.0756103	5.12	0.000	0.2390096	0.5353964
总效应						
land	0.0401481	0.0518347	0.77	0.439	-0.0614461	0.1417423
industry	0.0937921	0.018791	4.99	0.000	0.0569625	0.1306217
talent	1.219297	0.1859687	6.56	0.000	0.8548048	1.583789

那么，除了空间相互作用系数发生变化外，长三角城市群加入新城市后，长三角核心城市的效率溢出是否也发生变化？表 6—5 中给出了1999—2009 年长三角核心城市效率空间溢出的回归估计结果。从表 6—5中可以看出，空间溢出系数为 3.8324，小于 35 个城市的溢出系数3.9229。换句话说，在长三角城市群扩容后，长三角城市间整体的效率溢出系数变得更大了。同样，长三角城市群之间的土地利用效率系数并不显著，这与长三角核心城市的效率空间自相关的回归结果是一致的。

表 6—5　长三角核心城市效率空间溢出回归估计结果（1999—2009）

	系数	标准误差	z	P 值	95% 置信区间	
主要变量						
land	0.0545046	0.043687	1.25	0.212	-0.0311204	0.1401296
industry	0.0509109	0.0101998	4.99	0.000	0.0309196	0.0709021
talent	1.243283	0.2167821	5.74	0.000	0.8183975	1.668168

续表

	系数	标准误差	z	P值	95%置信区间	
常数	0.4534767	0.5026298	0.90	0.367	-0.5316595	1.438613
空间效应						
λ	3.832425	1.398696	2.74	0.006	1.091032	6.573818
方差						
ln_phi	0.8525439	0.4093649	2.08	0.037	0.0502035	1.654884
sigma2_e	0.4110257	0.0503655	8.16	0.000	0.3123111	0.5097403

（二）长三角核心城市效率空间影响与城市群扩容

长三角城市群中加入了新的城市后，原先处于城市群内的边缘地区的城市可能会更多地与周边的其他城市之间发生经济往来，而不再围绕着原来的核心地区。如果这种情况真的发生的话，那么很有可能导致城市群内的城市效率空间影响增加，并且核心区城市效率的空间影响减弱。为了测度加入城市群后的核心城市效率在空间上的影响，本书采用类似的方法回归2010—2013年的样本。

表6—6给出了2010—2013年长三角15个核心城市效率空间自回归估计结果。从表6—6中可以看出，与1999—2013年的样本相比有两个显著的变化。（1）空间相互作用系数变小，并且在10%的显著性水平下不显著。因此，可以判断城市效率在这15个城市空间上的相互作用不存在。（2）产业集聚效应和人力资本效应系数变大了。在1%的显著性水平下，产业集聚效应和人力资本效应十分显著。并且，其系数分别达到了0.1066和1.0218，相对更大。此外，协方差除产业集聚效应和人力资本效应间接和直接作用显著外，其他的间接和直接作用都变得不显著。

表6—6　2010—2013年长三角核心城市效率空间自回归估计结果

	系数	标准误差	z	P值	95%置信区间	
主要变量						
land	0.0724417	0.0485134	1.49	0.135	-0.0226428	0.1675262
industry	0.1066094	0.0284064	3.75	0.000	0.0509339	0.162285
talent	1.021811	0.2175647	4.70	0.000	0.5953917	1.44823

续表

	系数	标准误差	z	P 值	95% 置信区间	
常数项	-0.1679052	1.038395	-0.16	0.872	-2.203122	1.867311
空间效应						
ρ 值	0.425068	0.8770105	0.48	0.628	-1.293841	2.143977
协方差						
lgt_theta	-2.422353	0.3018968	-8.02	0.000	-3.01406	-1.830646
sigma_e	0.2589136	0.0592556	4.37	0.000	0.1427748	0.3750524
直接效应						
land	0.0718787	0.0412033	1.74	0.081	-0.0088782	0.1526356
industry	0.1091231	0.0315866	3.45	0.001	0.0472145	0.1710318
talent	1.028834	0.2297511	4.48	0.000	0.5785302	1.479138
间接效应						
land	0.0046247	0.0112553	0.41	0.681	-0.0174353	0.0266846
industry	0.0067268	0.0155094	0.43	0.664	-0.0236711	0.0371247
talent	0.0570068	0.1324249	0.43	0.667	-0.2025412	0.3165548
总效应						
land	0.0765034	0.0432067	1.77	0.077	-0.0081802	0.161187
industry	0.1158499	0.0317937	3.64	0.000	0.0535353	0.1781645
talent	1.085841	0.1975856	5.50	0.000	0.6985804	1.473102

那么，在新城市加入后，核心城市的空间溢出系数又有着怎样的变化呢？表6—7给出了空间溢出的估计结果。从表6—7中可以看出，土地使用效率的影响仍然是不显著的。而产业集聚效应的系数变为0.1162，变得比较大；人力资本效应略小，变为1.0670。值得一提的是，空间溢出效应λ系数变得不再显著，而且系数为负。这就表明，在新城市加入后，核心城市相互之间的效率溢出不再明显。

表6—7　　　2010—2013 年长三角核心城市效率空间溢出估计结果

	系数	标准误差	z	P 值	95% 置信区间	
主要变量						
land	0.0759549	0.0463816	1.64	0.102	− 0.0149513	0.1668612
industry	0.1161848	0.0262111	4.43	0.000	0.064812	0.1675576
talent	1.066992	0.1695068	6.29	0.000	0.7347651	1.399219
常数	− 0.25339	1.012064	− 0.25	0.802	− 2.236999	1.730219
空间效应						
λ	− 2.310172	2.23862	− 1.03	0.302	− 6.697786	2.077442
方差						
ln_phi	3.8162	0.5266044	7.25	0.000	2.784074	4.848326
sigma2_e	0.2412369	0.0546847	4.41	0.000	0.1340568	0.348417

　　整体来看，长三角城市群的城市效率存在着空间影响。1999—2013年，空间相互作用系数达到了1.9475，空间溢出系数达到了3.9229。在新成员加入之前，长三角核心15个城市效率的空间相互作用系数达到了2.53，高于长三角城市群整体的城市相互作用系数1.9475。在空间溢出方面，在新成员加入之前，长三角城市群核心城市的效率空间溢出系数也达到了3.83，比整个城市群的空间溢出系数略小。而在新成员加入之后，长三角核心城市的效率空间相互作用和溢出都变得不再显著。由此可以得出这样的结论：在新城市加入后，即城市群规模扩大后，原来的核心城市在空间上的经济往来变得不再明显。可能的一个原因是，原来城市群中处于非主要地位的城市可能与周边的新成员之间有着更多的经济往来，从而导致原来的核心城市之间的经济往来减弱，空间的相互作用和相互溢出都变得不再显著。由此得到了本书研究的第八个结论：

　　结论8：长三角城市群扩大后，作为一个整体而言，长三角城市群的空间相互作用和溢出效应都明显加强。但是，城市群扩容也造成城市群核心区的原有成员城市效率在空间上的相互作用和溢出效应消失。这表明，长三角城市群空间相互作用和溢出效应在城市群扩容后的加强是以牺牲原有的核心区成员间的空间相互作用和溢出效应为代价的。

　　长三角城市群扩大后，城市群整体无论是空间相互作用还是溢出效应都是十分明显的。也正因为这样的原因，很多城市群周边的边缘城市极力争取加入长三角城市群。但是，通过本节的分析也发现一个重要的问题：城市群扩大后，原来的成员城市的效率在空间上的相互影响变得不显著了。从而可以猜测：长三角城市群的扩容，空间相互作用和溢出可能更多地和新城市在空间上发生了经济往来。为了说明这个问题，第二节中，首先将分析新加入城市和其他城市的空间相互作用和溢出。同时，为了区分新加入城市效率空间相互作用和溢出的来源，考察将分析非中心城市对其他城市效率溢出的影响。进一步地，在第三节中，为了考察中心城市对城市群扩充过程中效率的影响，本书将分别对上海、南京、杭州以及合肥四个中心城市对省内城市效率和省外城市效率的影响。

第二节　长三角城市群扩容与城市效率溢出

在上一节分析中发现，在新城市加入后，原先的长三角 15 个核心城市效率在空间上的相互影响变得不再显著。但是，作为一个整体，长三角城市群的空间相互作用和溢出效应却是十分显著的。那么，长三角城市群中原来的 15 个核心城市出现了什么问题呢？其效率为何会变得不再显著呢？这与新城市的加入又有着怎样的关系呢？为了说明这个问题，在本节中分三步来分析：第一，新加入城市之前的空间相互作用和溢出效应前后变化；第二，非中心城市之间的空间相互作用和溢出效应前后变化；第三，城市群效率空间相互作用和溢出效应前后变化的综合效应分析。

一　新加入城市效率空间效应

在加入长三角城市群后，新加入城市的效率可能因为经济活动在空间上的往来而有所提高。为了分析新加入城市效率的空间效应，本书仍然采用空间自回归分析和空间误差模型对新加入城市在加入长三角城市群前后的空间相互作用影响和空间溢出影响进行分析。

表 6—8 给出了新加入城市群的空间自回归估计结果，样本期间为 1999—2009 年，样本包括徐州等 19 个城市。[①] 从表 6—8 中可以看出，空

① 这 19 个城市分别为徐州、连云港、淮安、盐城、宿迁、温州、金华、衢州、合肥、芜湖、蚌埠、淮南、马鞍山、淮北、铜陵、安庆、阜阳、宿州、六安。

间相互作用系数不显著，但系数为负。这就表明新加入城市在加入长三角城市群之前的城市效率并没有空间相互作用。土地利用效率对城市效率没有显著的影响，产业集聚效应和人力资本效应在1%的显著性水平下显著为正。并且，其协方差直接和总影响显著为正。这就表明，新加入的城市在加入长三角城市群之前城市的效率没有在空间上影响到其他城市，而主要是通过自身的产业集聚效应和人力资本效应来影响的。

表6—8 长三角城市群扩容前新加入城市效率空间
自回归估计结果（1999—2009）

	系数	标准误差	z	P 值	95％置信区间	
主要变量						
land	0.0616262	0.0488639	1.26	0.207	− 0.0341453	0.1573977
industry	0.2535047	0.0153483	16.52	0.000	0.2234226	0.2835868
talent	0.3565324	0.0997295	3.57	0.000	0.1610662	0.5519986
常数项	0.4384628	0.1774884	2.47	0.013	0.0905919	0.7863337
空间效应						
ρ 值	− 0.4719601	0.8249203	− 0.57	0.567	− 2.088774	1.144854
协方差						
lgt_theta	− 1.570537	0.2110129	− 7.44	0.000	− 1.984115	− 1.15696
sigma_e	0.1557652	0.0160164	9.73	0.000	0.1243736	0.1871568
直接效应						
land	0.0609102	0.0414765	1.47	0.142	− 0.0203822	0.1422026
industry	0.2549139	0.0170663	14.94	0.000	0.2214645	0.2883633
talent	0.3600479	0.1020505	3.53	0.000	0.1600326	0.5600632
间接效应						
land	− 0.0023246	0.0059062	− 0.39	0.694	− 0.0139006	0.0092514
industry	− 0.0086782	0.0197666	− 0.44	0.661	− 0.04742	0.0300636
talent	− 0.017942	0.0287129	− 0.62	0.532	− 0.0742182	0.0383342
总效应						
land	0.0585856	0.0394452	1.49	0.137	− 0.0187255	0.1358968
industry	0.2462357	0.023528	10.47	0.000	0.2001217	0.2923497
talent	0.3421059	0.0813276	4.21	0.000	0.1827067	0.501505

那么，这些城市在加入城市群之前，城市效率在空间上是否存在溢出效应？表6—9给出了长三角城市群新加入城市的空间效率溢出的估计结果。从表6—9中可以观察到，相互溢出的系数为负，并且在1%的显著性水平下十分显著。换言之，在加入长三角城市群之前，这些新加入的城市之间仅存在显著的负向影响。同样，土地利用效率、产业集聚效应和人力资本效应的系数为正，表明这些因素是影响城市效率的重要因素。

表6—9　　　　　长三角城市群扩容前新加入城市效率空间

溢出估计结果（1999—2009）

	系数	标准误差	z	P值	95%置信区间	
主要变量						
land	0.0787514	0.0476109	1.65	0.098	− 0.0145644	0.1720671
industry	0.2563261	0.0142693	17.96	0.000	0.2283588	0.2842933
talent	0.2764877	0.0696328	3.97	0.000	0.1400098	0.4129655
常数	0.4181529	0.1697936	2.46	0.014	0.0853636	0.7509423
空间效应						
λ	− 5.003574	2.420255	− 2.07	0.039	− 9.747188	− 0.2599611
方差						
ln_phi	1.135963	0.3554705	3.20	0.001	0.4392537	1.832673
sigma2_e	0.149608	0.0155529	9.62	0.000	0.1191249	0.1800911

从加入前的空间相互作用和空间溢出分析中可以发现，新加入长三角城市群的这些城市在效率上并没有对其他城市产生空间相互作用，并且空间溢出为负效应。这一点也是比较容易理解的，在加入长三角城市群之前，这些非长三角城市群成员一方面相互之间缺乏经济往来，导致城市空间相互作用不显著；另一方面相互之间在产业分工等方面无序，甚至形成恶性竞争，导致相互之间产生负向的影响。那么，不禁想了解，加入长三角城市群后这种状况有所改善吗？

表6—10中给出了长三角城市群新加入城市在加入长三角城市群之后的城市效率空间自回归的估计结果。与加入前相比，城市效率的空间相互作用在10%的水平下仍然不显著。但是，城市效率相互作用系数的符

号变成正号。同时，土地利用效率在1%的显著性水平下变得十分显著，并且其系数达到了0.3702。此外，产业集聚效应仍然保持十分显著，产业集聚效应对城市效率有着正向的影响。值得一提的是，人力资本效应在加入长三角城市群之后变得不再显著。换句话说，城市效率的空间作用加强可能更多地源于人力资本效应，人力资本效应强化空间的相互作用，并导致人力资本效应系数变得不再显著。

表6—10　　　长三角城市群扩容后新加入城市效率空间
自回归估计结果（2010—2013）

	系数	标准误差	z	P 值	95% 置信区间	
主要变量						
land	0.3701667	0.1321363	2.80	0.005	0.1111843	0.6291491
industry	0.169913	0.0253824	6.69	0.000	0.1201643	0.2196617
talent	0.2882205	0.2133707	1.35	0.177	−0.1299784	0.7064193
常数项	−0.9964357	0.6708581	−1.49	0.137	−2.311293	0.318422
空间效应						
ρ 值	1.791601	1.480718	1.21	0.226	−1.110553	4.693755
协方差						
lgt_theta	−1.845046	0.2226641	−8.29	0.000	−2.281459	−1.408632
sigma_e	0.2450847	0.0463186	5.29	0.000	0.1543019	0.3358674
直接效应						
land	0.3703326	0.1122007	3.30	0.001	0.1504233	0.5902419
industry	0.1730106	0.0284661	6.08	0.000	0.117218	0.2288032
talent	0.2954849	0.2159028	1.37	0.171	−0.1276767	0.7186465
间接效应						
land	0.0807593	0.0827863	0.98	0.329	−0.0814988	0.2430175
industry	0.0402311	0.0396575	1.01	0.310	−0.0374963	0.1179584
talent	0.0355321	0.0552474	0.64	0.520	−0.0727508	0.143815
总效应						
land	0.4510919	0.1452404	3.11	0.002	0.1664259	0.7357579
industry	0.2132416	0.0540767	3.94	0.000	0.1072533	0.31923
talent	0.331017	0.236507	1.40	0.162	−0.1325283	0.7945623

加入长三角城市群后，新加入城市的空间相互作用系数有着明显的变化。尽管回归系数仍然不十分显著，但其系数从原先的"负号"变为"正号"。那么，加入长三角城市群之后，新加入城市的空间溢出效应又如何？表6—11给出了加入长三角城市群后，长三角城市群新加入城市相互之间的空间溢出效应。从表6—11中可以看出，土地利用效率、产业集聚效应以及人力资本效应的系数在10%的显著性水平下都显著为正，表明土地利用效率、产业集聚效应以及人力资本效应是影响城市效率的重要因素。更为重要的是，城市效率的空间溢出系数高达5.2092，并且在5%的显著性水平下十分显著。这一数值远高于长三角城市群35个成员之间的效率空间溢出系数3.9229（见表6—3），更是高于长三角城市群15个核心城市在长三角城市群扩容之前的空间溢出系数3.8324（见表6—5）。

表6—11　　　　长三角城市群扩容后新加入城市效率
空间溢出估计结果（2010—2013）

	系数	标准误差	z	P值	95%置信区间	
主要变量						
land	0.3493343	0.1289514	2.71	0.007	0.0965943	0.6020744
industry	0.1830815	0.0251942	7.27	0.000	0.1337017	0.2324614
talent	0.3705036	0.2073983	1.79	0.074	-0.0359897	0.7769968
常数	-0.5058263	0.9511983	-0.53	0.595	-2.370141	1.358488
空间效应						
λ	5.209212	2.324769	2.24	0.025	0.6527488	9.765674
方差						
ln_phi	2.598476	0.3886134	6.69	0.000	1.836807	3.360144
sigma2_e	0.2319253	0.044186	5.25	0.000	0.1453223	0.3185283

上文分析中可以看出，在加入长三角城市群后，新加入城市效率的相互作用仍然不显著，但是其系数从负变为了正。而在加入长三角城市群之后，新加入的城市效率的空间溢出效应显著地从负变为正，并且其系数远远大于15个核心成员在1999—2009年的城市效率。因而，有理由相信，在新城市不断加入后，新加入城市之间可能会形成新的合作关系，

从而不断地增加城市效率的空间相互作用和空间溢出效应。

二 非中心城市效率空间效应

前面的章节指出，上海是长三角城市群中心城市，而南京、杭州以及合肥是长三角城市群中的非中心城市。从新加入长三角城市群的空间相互作用和空间溢出效应分析中已知，加入长三角城市群后它们的空间溢出效应显著为正，但是空间相互作用仍然不显著。但是，表6—1的结果则表明长三角城市群的城市之间存在着效率的空间相互作用。那么，这种相互作用又来源于何处？是与非中心城市之间的相互作用，还是中心城市之间的相互作用？非中心城市之间的效率空间效应又如何？

表6—12中给出了长三角城市群非中心城市效率的空间自回归估计结果。从表6—12中可以看出，非中心城市的空间相互作用系数在5%的显著性水平下显著为正，达到了0.7178。土地利用效率对非中心城市效率影响不显著，但符号为负。在1%的显著性水平下，产业集聚效应以及人力资本效应对非中心城市的效应影响都显著为正。这就表明，在新城市加入长三角城市群之前，非中心城市中的原长三角成员和新长三角成员之间就有着相对较为密切的经济往来，从而城市效率在空间上形成了空间相互作用。

表6—12　　　　长三角城市群扩容前非中心城市效率空间
自回归估计结果（1999—2009）

	系数	标准误差	z	P值	95%置信区间	
主要变量						
land	-0.017651	0.0287614	-0.61	0.539	-0.0740224	0.0387204
industry	0.1766123	0.00828	21.33	0.000	0.1603837	0.1928409
talent	0.4986459	0.0728069	6.85	0.000	0.3559471	0.6413448
常数项	0.3874393	0.1605552	2.41	0.016	0.0727569	0.7021218
空间效应						
ρ值	0.7177904	0.3258933	2.20	0.028	0.0790514	1.35653
协方差						
lgt_theta	-1.618935	0.1636866	-9.89	0.000	-1.939755	-1.298115

续表

	系数	标准误差	z	P 值	95% 置信区间	
sigma_e	0.1999455	0.0161046	12.42	0.000	0.168381	0.2315099
直接效应						
land	-0.0181275	0.0244149	-0.74	0.458	-0.0659798	0.0297248
industry	0.1774506	0.0091148	19.47	0.000	0.1595859	0.1953152
talent	0.5030452	0.0768848	6.54	0.000	0.3523538	0.6537366
间接效应						
land	-0.0023669	0.0033552	-0.71	0.481	-0.008943	0.0042092
industry	0.0204845	0.0110237	1.86	0.063	-0.0011216	0.0420905
talent	0.0551237	0.0257064	2.14	0.032	0.0047401	0.1055073
总效应						
land	-0.0204944	0.0272248	-0.75	0.452	-0.0738541	0.0328652
industry	0.197935	0.0117624	16.83	0.000	0.1748811	0.2209889
talent	0.5581689	0.0668591	8.35	0.000	0.4271274	0.6892103

那么，非中心城市效率空间溢出效应又如何？表6—13给出了长三角城市群非中心城市效率的空间溢出估计结果。从表6—13中可以看出，土地利用效率仍然不显著，产业集聚效应和人力资本效应仍然在1%的显著性水平下十分显著，这与表6—12的估计结果是一致的。空间溢出效应系数为正，但是并不显著。

表6—13　　　　长三角城市群扩容前非中心城市效率空间溢出
估计结果（1999—2009）

	系数	标准误差	z	P 值	95% 置信区间	
主要变量						
land	-0.0035505	0.0282556	-0.13	0.900	-0.0589304	0.0518295
industry	0.1833503	0.0078378	23.39	0.000	0.1679885	0.198712
talent	0.5996694	0.0585073	10.25	0.000	0.4849972	0.7143416
常数	0.4126645	0.1618784	2.55	0.011	0.0953886	0.7299404
空间效应						
λ	0.8359786	1.086027	0.77	0.441	-1.292594	2.964551
方差						
ln_phi	1.108088	0.2799066	3.96	0.000	0.5594812	1.656695
sigma2_e	0.2035765	0.0163953	12.42	0.000	0.1714423	0.2357108

从上文的分析中可以看出，在新城市加入长三角城市群之前，非中心城市的城市效率在空间上存在着相互作用，但是不存在溢出效应。影响城市效率的主要因素仍然是产业集聚效应和人力资本效应。那么，在新城市加入长三角城市群之后，非中心城市空间经济往来是否发生变化？表6—14给出了新城市加入长三角城市群后非中心城市效率空间自回归估计结果，从表6—14中可以看出，在1%的显著性水平下土地利用效率、产业集聚效应和人力资本效应都对城市效率产生显著的影响。但是，非中心城市的空间相互作用变得不显著了。换句话说，在加入长三角城市群之后，非中心城市之间可能原先的秩序被打破，从而不再存在空间相互作用。

表6—14　　　　　长三角城市群扩容后非中心城市效率空间
自回归估计结果（2010—2013）

	系数	标准误差	z	P 值	95% 置信区间	
主要变量						
land	0.1845693	0.0578238	3.19	0.001	0.0712369	0.2979018
industry	0.1493644	0.0147151	10.15	0.000	0.1205233	0.1782056
talent	0.6428743	0.131481	4.89	0.000	0.3851763	0.9005724
常数项	−0.2854295	0.4746515	−0.60	0.548	−1.215729	0.6448704
空间效应						
ρ 值	0.0063189	0.6148895	0.01	0.992	−1.198842	1.21148
协方差						
lgt_theta	−1.975655	0.1694315	−11.66	0.000	−2.307735	−1.643576
sigma_e	0.201604	0.0296738	6.79	0.000	0.1434445	0.2597635
直接效应						
land	0.1837885	0.0490633	3.75	0.000	0.0876262	0.2799508
industry	0.1506128	0.0163641	9.20	0.000	0.1185398	0.1826859
talent	0.6504373	0.1393587	4.67	0.000	0.3772993	0.9235754
间接效应						
land	0.0007895	0.0182393	0.04	0.965	−0.0349589	0.0365378
industry	0.0008996	0.0146484	0.06	0.951	−0.0278108	0.0296101
talent	−0.0030253	0.0601972	−0.05	0.960	−0.1210096	0.1149591

	系数	标准误差	z	P 值	95% 置信区间	
总效应						
land	0.1845779	0.047917	3.85	0.000	0.0906624	0.2784934
industry	0.1515124	0.0170898	8.87	0.000	0.1180171	0.1850078
talent	0.6474121	0.1080125	5.99	0.000	0.4357114	0.8591128

如果按照城市空间相互作用的变化规律，那么新城市加入后长三角城市群非中心城市效率的空间溢出同样会变化。那么，事实又如何？表6—15中给出了新城市加入长三角城市群后非中心城市效率空间溢出估计结果。从表6—15中可以看出，土地利用效率、产业集聚效应以及人力资本效应仍然是城市效率的主要解释因素。空间溢出效应仍然是十分不显著的，并且系数变为负数。从某种意义上来说，这与非中心城市空间相互作用的变化是一致的，非中心城市的效率在空间上溢出不显著。

表6—15　　　　　长三角城市群扩容后非中心城市效率空间

溢出估计结果（2010—2013）

	系数	标准误差	z	P 值	95% 置信区间	
主要变量						
land	0.1847681	0.054904	3.37	0.001	0.0771582	0.2923779
industry	0.1494199	0.0136578	10.94	0.000	0.1226511	0.1761887
talent	0.6436891	0.1052568	6.12	0.000	0.4373897	0.8499886
常数	− 0.2848677	0.4713764	− 0.60	0.546	− 1.208748	0.639013
空间效应						
λ	− 0.0030115	1.676793	− 0.00	0.999	− 3.289466	3.283443
方差						
ln_phi	2.809491	0.300648	9.34	0.000	2.220232	3.398751
sigma2_e	0.2016194	0.0296401	6.80	0.000	0.1435259	0.2597129

三　长三角城市群扩容的综合效应

上文分析了长三角城市群扩容前后15个核心城市、新加入城市以及非中心城市效率的空间相互作用和空间溢出效应。在长三角城市扩容前后，不同类型的城市效率受空间的影响是不同的。那么，在长三角城市扩容前后，长三角全体成员的城市效率空间影响是否发生变化？

表6—16给出了长三角城市群全体城市的城市效率在扩容前的空间自回归的估计结果。从估计结果来看，空间相互作用在1%的显著性水平下显著为正，其系数达到了2.3570。土地利用效率、产业集聚效应以及人力资本效应在10%的显著性水平下也显著为正。换言之，在新成员城市加入长三角之前，长三角城市群中的城市效率受到土地利用效率、产业集聚效应以及人力资本效应等因素的影响，同时还受到其他城市效率的空间相互作用的影响。

表6—16 **长三角城市群扩容前城市效率空间**

自回归估计结果（1999—2009）

	系数	标准误差	z	P 值	95% 置信区间	
主要变量						
land	0.0537105	0.0311623	1.72	0.085	− 0.0073666	0.1147875
industry	0.0934739	0.0064859	14.41	0.000	0.0807617	0.1061861
talent	0.3151293	0.0808602	3.90	0.000	0.1566462	0.4736123
常数项	0.1238792	0.182571	0.68	0.497	− 0.2339534	0.4817119
空间效应						
ρ 值	2.356947	0.2581547	9.13	0.000	1.850973	2.862921
协方差						
lgt_theta	− 1.653236	0.1532767	− 10.79	0.000	− 1.953653	− 1.352819
sigma_e	0.2785919	0.0211492	13.17	0.000	0.2371403	0.3200435
直接效应						
land	0.0539582	0.026734	2.02	0.044	0.0015605	0.1063559
industry	0.0953188	0.0072388	13.17	0.000	0.0811309	0.1095066
talent	0.3217912	0.0844357	3.81	0.000	0.1563003	0.4872822
间接效应						
land	0.0348337	0.0173001	2.01	0.044	0.0009262	0.0687412
industry	0.0628225	0.0136836	4.59	0.000	0.0360032	0.0896419
talent	0.2037487	0.0388861	5.24	0.000	0.1275334	0.279964
总效应						
land	0.0887919	0.0428994	2.07	0.038	0.0047107	0.1728732
industry	0.1581413	0.0173523	9.11	0.000	0.1241314	0.1921512
talent	0.5255399	0.1143552	4.60	0.000	0.3014079	0.749672

同样，表6—17给出了长三角城市群扩容前城市效率的空间溢出估计结果。从表6—17中可以看出，在长三角城市群扩容前，长三角城市群的空间溢出效应也是比较明显的。其系数达到了4.4477，在1%的显著性水平下仍然十分显著。土地利用效率、产业集聚效应以及人力资本效应也十分显著，这与表6—16的估计结果是一致的。

表6—17　　　　　长三角城市群扩容前城市效率空间溢出
估计结果（1999—2009）

	系数	标准误差	z	P值	95%置信区间	
主要变量						
land	0.08359	0.031733	2.63	0.008	0.0213945	0.1457855
industry	0.0904326	0.0070385	12.85	0.000	0.0766374	0.1042278
talent	0.4630743	0.1116602	4.15	0.000	0.2442243	0.6819243
常数	0.9838907	0.2909531	3.38	0.001	0.4136332	1.554148
空间效应						
λ	4.447744	0.3069497	14.49	0.000	3.846133	5.049354
方差						
ln_phi	1.237699	0.2668943	4.64	0.000	0.7145959	1.760802
sigma2_e	0.2982153	0.0231697	12.87	0.000	0.2528034	0.3436271

同样，对长三角城市群扩容后的城市效率进行空间自回归估计，表6—18中给出了估计结果。与扩容前相比，土地利用效率、产业集聚效应以及人力资本效应的系数都有着显著的提高，并且在10%的显著性水平下仍然十分显著。其中，土地利用效率的系数从0.0537提高到0.0817；产业集聚效应从0.0935提高到0.1215；人力资本效应从0.3151则提高到0.6574。城市效率的空间相互作用系数也发生了变化，但是系数变得更小，从2.3570变为1.1607。换句话说，在城市群扩容后，城市效率的提高更多的是利用其自身的土地利用效率、产业集聚效应和人力资本效应的提高，城市效率的空间相互作用变得不再那么重要。

表6—18　　　　　　　　长三角城市群扩容后城市效率空间
自回归估计结果（2010—2013）

	系数	标准误差	z	P 值	95% 置信区间	
主要变量						
land	0.0816915	0.0452841	1.80	0.071	−0.0070637	0.1704467
industry	0.1215096	0.0150122	8.09	0.000	0.0920862	0.150933
talent	0.6573844	0.1490666	4.41	0.000	0.3652193	0.9495495
常数项	−0.5017453	0.5684957	−0.88	0.377	−1.615976	0.6124859
空间效应						
ρ 值	1.160655	0.5302216	2.19	0.029	0.1214393	2.19987
协方差						
lgt_theta	−2.222213	0.1646086	−13.50	0.000	−2.54484	−1.899586
sigma_e	0.2526767	0.0355099	7.12	0.000	0.1830786	0.3222749
直接效应						
land	0.0812551	0.0384674	2.11	0.035	0.0058603	0.1566499
industry	0.1231264	0.0166919	7.38	0.000	0.0904108	0.155842
talent	0.6652605	0.1580608	4.21	0.000	0.3554671	0.9750539
间接效应						
land	0.0198172	0.0147082	1.35	0.178	−0.0090104	0.0486448
industry	0.0312308	0.0189793	1.65	0.100	−0.005968	0.0684296
talent	0.1522311	0.071766	2.12	0.034	0.0115722	0.2928899
总效应						
land	0.1010723	0.0467137	2.16	0.030	0.0095151	0.1926294
industry	0.1543572	0.0253713	6.08	0.000	0.1046302	0.2040841
talent	0.8174916	0.1393725	5.87	0.000	0.5443264	1.090657

　　此外，本书也想了解扩容后城市空间溢出效应。从表6—19中可以看出，土地利用效率、产业集聚效应和人力资本效应系数仍然为正，在5%的显著性水平下显著为正，并且与城市群扩容前相比数值更大。但是，城市效率的空间溢出系数即使在10%的显著性水平下也是不显著的。换句话说，城市群扩容后，城市效率的空间溢出作用消失了。

表 6—19   长三角城市群扩容后城市效率空间
                            溢出估计结果 (2010—2013)

	系数	标准误差	z	P 值	95% 置信区间	
主要变量						
land	0.1049733	0.0441223	2.38	0.017	0.0184952	0.1914513
industry	0.1291232	0.0153234	8.43	0.000	0.0990899	0.1591565
talent	0.8759426	0.1166997	7.51	0.000	0.6472153	1.10467
常数	− 0.3076832	0.6526464	− 0.47	0.637	− 1.586847	0.9714802
空间效应						
λ	0.8573629	1.57165	0.55	0.585	− 2.223015	3.937741
方差						
ln_phi	3.374187	0.298658	11.30	0.000	2.788828	3.959546
sigma2_e	0.2533609	0.0356408	7.11	0.000	0.1835062	0.3232156

不妨将表 6—4 至表 6—19 中的估计结果进行综合, 表 6—20 给出了长三角城市群扩容前后, 对应的城市间的效率空间相互作用。从表 6—20 中可以看出, 在城市群扩容前后, 长三角城市群 35 个城市的空间相互作用系数变小, 但是显著为正。换句话说, 在城市群扩容后, 长三角城市群 35 个城市空间相互作用在减弱, 城市群扩容后城市在空间上的效率影响不及扩容前。此外, 15 个核心城市和 31 个非中心城市的城市效率在扩容前后空间上的相互影响也发生了变化。长三角城市群扩容前, 15 个核心城市和 31 个非中心城市的城市效率空间上的相互影响显著为正。但是, 长三角城市群扩容后, 15 个核心城市和 31 个非中心城市的城市效率空间上的相互影响变得不再显著。在扩容前后, 长三角城市群新加入的 19 个城市效率在空间上的相互影响都不显著。值得一提的是, 在长三角城市群吸纳新成员后, 尽管 35 个城市的效率在空间上相互作用变弱, 但是相互之间还是存在着效率的空间影响的。但是, 无论是 15 个核心城市, 19 个新加入城市还是 31 个非中心城市, 它们相互之间的效率空间作用都变得不显著。因此有理由相信, 在长三角城市群扩容后, 4 个中心城市和 19 个新加入非中心城市的城市空间相互作用在加强, 促进城市效率的提高。

表6—20 长三角城市群扩容前后城市效率空间自回归估计结果

样　本	加入前	加入后
长三角城市群 35 个城市	2.356947 (0.000)	1.160655 (0.029)
长三角城市群 15 个核心城市	2.533222 (0.000)	0.425068 (0.628)
长三角城市群 19 个新加入城市	-0.47196 (0.567)	1.791601 (0.226)
长三角城市群 31 个非中心城市	0.71779 (0.028)	0.006319 (0.992)

　　在城市群扩容后，除了空间相互作用效率受到了影响之外，空间溢出效应也受到了巨大的冲击，表6—21给出了长三角城市群扩容前后城市效率的空间溢出估计结果。从表6—21中可以看出，在长三角城市群扩容前，长三角城市群35个城市效率的空间溢出系数相对较大，并且十分显著。但是，在长三角城市群扩容后，这35个城市效率的空间溢出变得不再显著。同样，城市群中的15个核心城市和31个非中心城市有着相同的变化趋势，甚至系数从正变为负。但是在城市群扩容后，19个新加入的城市效率空间溢出系数从负变为了正，并且在5%的显著性水平仍然十分显著。这就表明，新加入的城市的确从城市群扩容中得到了效率溢出的好处，但是这是以牺牲核心城市的利益为前提的。

表6—21 长三角城市群扩容前后城市效率空间溢出估计结果

样　本	加入前	加入后
长三角城市群 35 个城市	4.447744 (0.000)	0.857363 (0.585)
长三角城市群 15 个核心城市	3.832425 (0.006)	-2.31017 (0.302)
长三角城市群 19 个新加入城市	-5.00357 (0.039)	5.209212 (0.025)
长三角城市群 31 个非中心城市	0.835979 (0.441)	-0.00301 (0.999)

综合而言，长三角城市群形成后，城市效率在空间的相互作用减弱。无论是新加入城市，城市群中原有的核心城市还是非中心城市，效率在空间上的相互作用都不明显。而在城市群形成后，效率的空间溢出效应也变得不再明显，尤其是城市群中原来的核心城市之间的溢出不再存在。因而，有理由相信城市群形成后，城市效率在空间上的相互作用可能通过中心城市与非中心城市之间形成，而新加入城市重新构建了体系，相互之间获得了城市间效率溢出的好处，并且新加入城市获得的效率溢出以原有城市的效率空间溢出消失为代价。由此得到本书研究的第九个结论。

结论 9：长三角城市群形成后，无论是核心区城市间，抑或非中心城市间，城市效率的空间相互作用都消失；与此同时，核心区城市间、非中心城市的城市效率的空间溢出效应也逐步消失。而新加入城市的城市效率相互作用发生着变化，并且城市空间溢出效应由负变为正。从新城市不断加入城市群后，新加入城市之间可能会形成新的合作关系，从而不断地增加城市效率的空间相互作用和空间溢出效应。同时，新城市的加入会破坏原有核心区城市之间的空间关系。

第三节　长三角城市群中心城市辐射作用分析

第二节重点分析了城市效率空间相互作用和外部溢出效率，但是其中并没有考虑上海、南京、杭州以及合肥这些中心城市的效率溢出的问题。上述空间相关性的分析方法有着一定的局限性，不能很好地测度单个中心城市对其他城市的效率溢出。尽管从现有的文献来看，可以利用空间计量的方法设置虚拟变量作为权重矩阵来实现本书的计划，但是，采用设置虚拟变量的方法丢失了地理距离信息，从而会导致研究的结果出现巨大偏差。为此，本节研究中将用中心城市的效率与中心城市到其他城市的地理距离比值作为溢出效应，从而考察中心城市对其他城市的效率溢出。

一　中心城市对长三角城市群的整体影响

在新经济地理学的"核心—边缘"模型中，中心城市对外围的城市有着重要的影响。那么，在多个核心城市的体系中，中心城市的效率又会对其他城市的效率产生怎样的影响？为了了解这个问题，本书首先对长三角城市群中的上海、南京、杭州以及合肥四个中心城市的效率溢出影响进行分析。

表6—22给出了5组回归结果，其中（6.1.1）—（6.1.4）为上海、南京、杭州以及合肥四个城市对城市群中除自身以外的其他城市的效率溢出回归结果。从表6—22中可以看出，除了合肥市外，上海、南京以及杭州等中心城市对其他城市的效率都产生正向的显著影响。此外，从表6—22中还可以看出，土地利用效率、产业集聚效应以及人力资本效应在1%的显著性水平下都十分显著。

表6—22 中心城市对其他城市效率溢出回归结果

	(6.1.1)	(6.1.2)	(6.1.3)	(6.1.4)	(6.1.5)
land	0.1004 ***	0.1104 ***	0.1240 ***	0.1797 ***	0.0439
industry	0.1493 ***	0.1224 ***	0.1177 ***	0.1188 ***	0.1691 ***
talent	0.5811 ***	0.5878 ***	0.6614 ***	0.6327 ***	0.5070 ***
上海	13.6033 ***				− 2.0823
南京		17.9139 ***			13.5247 ***
杭州			7.7620 ***		6.0568 ***
合肥				4.1280	− 6.3432 *
常数	0.0031	0.0103	− 0.0567	− 0.0140	0.1431
N	510	510	510	510	465
R^2	0.9149	0.8911	0.8995	0.8954	0.9278

注：*** 为显著性水平小于1%，* 为显著性水平小于10%。

模型（6.1.5）的估计则将上海、南京、杭州以及合肥四个城市都放在一起估计，这样的样本中不包括中心城市相互之间的溢出。结果发现中心城市中仅有南京和杭州对非中心城市产生了显著的溢出，而上海并没有对非中心城市产生显著的溢出，合肥市在10%的显著性水平下对非中心城市产生负向的溢出，这与想象中存在一些差异。上海对长三角城市群中其他城市产生了正向的溢出，但是并没有对非中心城市产生正向的溢出，因而可以推断上海可能对其他中心城市产生了效率的溢出。

上述的分析中，样本期间为1999—2013年。那么长三角城市群扩容前后，中心城市的作用是否发生了变化？不妨对长三角城市群扩容前后分别进行回归分析。表6—23给出了长三角扩容前后中心城市对非中心城市效率溢出的回归结果。其中，（6.1.6）为扩容前的回归结果，（6.1.7）为扩容后的回归结果。从表6—23中可以看出，长三角城市形成后，非中心城市的土地利用效率显著从负号变为正号。这也表明，在城市群扩大后，非中心城市的土地利用效率得到了提高。结合上文的分析结果，可知这主要来源于新加入城市的土地利用效率的大幅提高。

表6—23　　　　长三角城市群扩容前后中心城市对其他城市
效率溢出回归结果

	（6.1.5） 1999—2013	（6.1.6） 1999—2009	（6.1.7） 2010—2013
land	0.0439	− 0.0625 **	0.1492 ***
industry	0.1691 ***	0.1648 ***	0.1268 ***
talent	0.5070 ***	0.5397 ***	0.3778 **
上海	− 2.0823	11.0249	38.6631 **
南京	13.5247 ***	22.3287 ***	− 1.9064
杭州	6.0568 ***	2.5898	− 0.2078
合肥	− 6.3432 *	− 21.4197 ***	6.9415
常数	0.1431	0.2842 ***	− 0.9197 **
N	465	341	155
R^2	0.9278	0.9259	0.8942

注：*** 为显著性水平小于1%，** 为显著性水平小于5%，* 为显著性水平小于10%。

值得关注的是，对1999—2013年样本汇总，本书发现上海的效应溢出不显著，而南京和杭州的效率溢出比较显著，且为正向的效率溢出，合肥的效率溢出为负向的。但是，考虑加入城市群的前后变化，上海的效率溢出在城市群扩大后变强了，而南京以及杭州的效率溢出在城市群扩大后反而变得明显了。合肥的效益溢出也由负向的溢出转向正溢出，尽管并不十分显著。这也表明，在长三角城市群扩大后，非中心城市从上海的城市效率溢出中得到了更多的好处，长三角中心城市的作用正在不断地发挥，但是副中心城市在整个区域中的作用在减弱。

二 中心城市对各省城市的溢出效率

当然，按照规划，中心城市并不会以整个城市群所有成员为对象产生效率的辐射，更多的是对本省的辐射。那么，中心城市实现了对本省其他城市效率的辐射吗？此外，省内城市有没有可能受到省外其他中心城市的效率溢出呢？

表6—24给出了中心城市对江苏省城市效率溢出的回归结果。从表中可以看出上海和合肥两个城市并没有对江苏省城市效率产生溢出。南京和杭州对江苏的城市效率产生了较大的溢出，其系数分别达到了13.7713和59.2060。相比较而言，南京对本省城市的溢出效应并不算大，甚至略低于杭州。当然，在表6—24的回归中包括杭州对南京的城市效率溢出，所以数值相对较大。之所以出现这一现象，除了城市效率本身之外，南京市在江苏省处于边缘地区，其对一些城市的辐射相对较小，尤其是苏北的城市。因而，南京对省内其他城市的溢出作用并不算大，但也产生了明显的效率溢出。

表6—24　　　　　　中心城市对江苏省城市效率溢出回归结果

	(6.2.1)	(6.2.2)	(6.2.3)	(6.2.4)
land	0.0151	− 0.0450	− 0.0350	0.0265
industry	0.1518 ***	0.1641 ***	0.1086 ***	0.1591 ***
talent	0.6892 ***	0.6018 ***	0.4907 ***	0.6154 ***
上海	5.4221			
南京		13.7713 ***		
杭州			59.2060 ***	
合肥				7.3120
常数	0.3799 ***	0.5401 ***	0.2368 **	0.4666 ***
N	195	180	195	195
R^2	0.9703	0.9714	0.9740	0.9704

注：*** 为显著性水平小于1%，** 为显著性水平小于5%。

　　表6—25给出了中心城市对浙江省城市效率的溢出回归结果。可以看到，南京、杭州以及合肥都没有能够对浙江省的城市产生效率的溢出。而上海对浙江的城市效率溢出产生了显著的负向影响，并且其系数高达37.2150。从浙江省内的经济发展来看，浙北与上海有较强的经济往来，尤其是在长三角城市群扩容前，嘉兴以及湖州的经济受到上海的巨大影响。而在杭州湾跨海大桥建成后，宁波进一步加强了与上海的经济往来。此外，温州等地距离杭州较远，经济发展主要依靠自身的积累。整体而言，杭州并没有发挥好中心城市应有的辐射作用。

表6—25　　　　　　　中心城市对浙江省城市效率溢出回归结果

	（6.3.1）	（6.3.2）	（6.3.3）	（6.3.4）
land	0.2072 ***	0.1721 **	0.0186	0.1725 **
industry	0.3058 ***	0.2214 ***	0.2480 ***	0.2202 ***
talent	0.7905 ***	0.6296 ***	0.7340 ***	0.5641 ***
上海	− 37.2150 ***			
南京		0.1852		
杭州			− 2.3074	
合肥				10.1002
常数	− 0.4165 **	− 0.4615 **	− 0.2121	− 0.3797
N	150	150	135	150
R^2	0.9214	0.9145	0.9174	0.9147

　　注：*** 为显著性水平小于1%，** 为显著性水平小于5%。

　　与江苏和上海的城市不同，安徽的城市效率受到了上海、南京、杭州以及合肥的巨大辐射。其中，上海对安徽的城市效率辐射最大，其次是杭州和南京，合肥对安徽城市效率的辐射最小。尽管合肥市是安徽省的省会城市，但是安徽与浙江和江苏接壤的城市如马鞍山、芜湖、宣城、黄山等城市受到杭州和南京的效率辐射较为明显。整体而言，合肥在整个样本期间发挥的作用相对其他三个中心城市较小，安徽的城市效率主要是依靠长三角其他省份的辐射（见表6—26）。

表6—26 中心城市对安徽省城市效率溢出回归结果

	(6.4.1)	(6.4.2)	(6.4.3)	(6.4.4)
land	0.2676 **	0.1768 *	0.2427 **	0.4051 ***
industry	0.2082 ***	0.2184 ***	0.1913 ***	0.1950 ***
talent	− 0.6729 ***	− 0.3454 ***	− 0.5526 ***	− 0.3977 ***
上海	126.1654 ***			
南京		42.7467 ***		
杭州			106.6501 ***	
合肥				19.0188 ***
常数	− 0.5382 ***	− 0.0253	− 0.4162 ***	0.1527
N	165	165	165	150
R^2	0.9032	0.9159	0.9122	0.9159

注：*** 为显著性水平小于1%，** 为显著性水平小于5%，* 为显著性水平小于10%。

整体而言，长三角的中心城市并没有完全形成对本省内城市效率的辐射。上海对安徽省内的城市效率产生正向的溢出效应、对浙江省内的城市效率产生负向的效应，对江苏省内的城市效率没有显著的影响。南京则对本省和周边的安徽的城市效率产生了正向的影响，杭州并没有对省内的城市效率产生影响，只是对江苏和安徽两个相连的省份城市效率产生正向影响，而安徽对本省城市效率产生正向的影响。如果副中心城市定位于区域的中心，那么也可以发现，无论是南京还是杭州，抑或合肥，都没有成为一个理想的副中心城市。

三 城市群扩容后副中心城市作用强化了吗？

采用类似的分析方法，本书将长三角扩容前后中心城市对各省的城市效率影响进行综合。表6—27中给出了长三角城市扩容前后中心城市对江苏省城市效率的影响。从表6—27中可以看出，在扩容后上海、南京以及合肥都没有对江苏省内的城市效率产生显著的影响，仅有杭州在10%的显著性水平下对江苏城市效率产生正向的影响。并且，与城市群扩容前相比，其系数大幅减小。换句话说，在长三角城市群扩容后，南京的副中心城市的地位进一步出现了下滑，并没有像规划中的那样。长三角城市群扩容后，江苏省内的城市效率受到了牵连。

表6—27　　长三角城市群扩容前后中心城市对江苏城市效率的影响

	1999—2009 年	2010—2013 年	1999—2013 年
上海	33.7532 ***	12.4499	5.4221
南京	12.1688 *	3.9637	13.7713 ***
杭州	66.2770 ***	38.7131 *	59.2060 ***
合肥	− 9.6585	5.5689	7.3120

注：*** 为显著性水平小于1%，* 为显著性水平小于10%。

　　在长三角城市群扩容后，杭州副中心城市的作用同样没有能够发挥起来。表6—28给出了长三角城市群扩容前后中心城市对浙江省城市效率的影响。从中可以发现，在扩容前后，杭州和南京两个副中心城市始终没有能够对浙江省的城市效率产生正向的溢出。长三角城市群形成后，上海则对浙江省的城市效率产生负向的影响，而合肥对浙江城市的溢出效应也变得不显著了。总体而言，与江苏省的城市效率相似，浙江省的城市效率受到了牵连。

表6—28　　长三角城市群扩容前后中心城市对浙江城市效率的影响

	1999—2009 年	2010—2013 年	1999—2013 年
上海	− 17.4095	− 45.2178 *	− 37.2150 ***
南京	43.6039	− 12.4113	0.1852
杭州	− 2.0113	− 4.2904	− 2.3074
合肥	62.5705 *	1.4242	10.1002

注：*** 为显著性水平小于1%，* 为显著性水平小于10%。

　　在长三角城市群形成后，安徽省的城市效率受中心城市的影响相对较大。从表6—29中可以发现，在城市群扩容之前，所有中心城市上海、南京、杭州以及合肥都对安徽省的城市效应有着显著的影响，溢出系数分别达到了102.7408、42.4937、73.2285和18.5999。而在加入长三角城市群后，结果发现其他省份的中心城市对安徽省城市效率的影响仍然在进一步扩大，上海、南京、杭州溢出系数分别达到了206.3401、48.2172以及153.2757，其中上海和杭州带来的影响非常明显。而合肥市对省内其他城市效率的影响有所趋缓，系数下降到了17.0916。综合上文内容，得到本书研究的第十个结论。

结论10：在长三角城市群扩容之前，南京对城市群其他非中心城市有着显著的溢出效应，合肥对其他城市有着显著的负向溢出效应；而在长三角城市群扩容后，上海对其他城市有着显著的溢出效应，其他三个副中心城市的溢出效应都变得不明显。长三角城市群扩容后，上海对安徽城市效率产生正向的影响、对浙江城市效率产生负向影响，对江苏城市效率无影响；南京则对本省和周边的安徽的城市效率产生了正向影响，杭州并没有对省内的城市效率产生影响，对江苏省和安徽城市效率产生正向影响，而安徽对本省城市效率产生正向的影响。副中心城市并没有能够成为区域的中心，长三角城市没有能够形成多层次的"核心—边缘"结构。

表6—29　　长三角城市群扩容前后中心城市对安徽城市效率的影响

	1999—2009 年	2010—2013 年	1999—2013 年
上海	102.7408 ***	206.3401 **	126.1654 ***
南京	42.4937 ***	48.2172 ***	42.7467 ***
杭州	73.2285 ***	153.2757 ***	106.6501 ***
合肥	18.5999 ***	17.0916 *	19.0188 ***

注：*** 为显著性水平小于1%，** 为显著性水平小于5%，* 为显著性水平小于10%。

整体而言，长三角城市群扩容后这种变化结果是令人惊讶的，除安徽省获得收益外，江苏省和浙江省都受到巨大的损失。换言之，长三角城市群扩容后的溢出好处更多地被安徽省所获得，而这是以江苏省和浙江省的损失为代价的。从而可以认为，长三角城市群并非是规模越大越好，当城市群规模不断扩张时，原先的成员地位将会受到威胁。因此，城市群需要有一个适度的规模，不能盲目扩容。

第四节　基本结论

本章首先采用空间计量的空间自回归模型和空间误差模型对城市效率的空间溢出进行了研究，包括城市效率空间相互作用、城市效率的滞后溢出以及城市效率的空间溢出等多方面进行研究。为了得到城市效率空间相互作用和溢出的来源，第一节中还对城市群扩容前后 15 个核心城市进行了分析。既然城市群扩容后原先核心区的城市效率空间溢出受到了负向的影响，那么与城市群扩容最为相关的新加入城市是否从中获得好处？为此，本章第二节同样采用空间计量的方法分析了城市群扩容与城市效率之间的关系，包括新加入城市效率空间效应、非中心城市空间效应以及长三角城市群扩大的综合效应。根据上文的分析结果，中心城市可能对其他城市产生较强的溢出效应。因此，本章第三节对中心城市的辐射效应进行了分析。研究中根据城市地理距离采用类似于 Harris（1954）市场潜能的方法构建城市空间溢出效应。本章的研究结论主要包括三个方面的内容：

第一，长三角城市群扩大后，作为一个整体而言，长三角城市群的空间相互作用和溢出效应都明显加强。但是，城市群扩容也造成城市群核心区的原有成员城市效率在空间上的相互作用和溢出效应消失。这表明，长三角城市群空间相互作用和溢出效应在城市群扩容后的加强是以牺牲原有的核心区成员间的空间相互作用和溢出效应为代价的。

第二，长三角城市群扩容后，无论是核心区城市间，抑或非中心城市间，城市效率的空间相互作用都消失；与此同时，核心区城市间、非中心城市效率的空间溢出效应也逐步消失。而新加入城市的城市效率相互作用有着变化，并且城市空间溢出效应由负变为正。新城市不断地加入后，新加入城市之间可能会形成新的合作关系，从而不断地增加城市效率的空间相互作用和空间溢出效应。同时，新城市的加入会破坏原有核心区城市间的空间关系。

第三，在长三角城市群扩容之前，南京对城市群其他非中心城市有着显著的溢出效应，合肥对其他城市有着显著的负向溢出效应；而在长三角城市群扩容后，上海对其他城市有着显著的溢出效应，其他三个副中心城市的溢出效应都变得不明显。长三角城市群扩容后，上海对安徽城市效率产生正向的影响、对浙江城市效率产生负向影响，对江苏城市效率无影响；南京则对本省和周边的安徽的城市效率产生了正向影响，杭州并没有对省内的城市效率产生影响，对江苏和安徽城市效率产生正向影响，而安徽对本省城市效率产生正向的影响。副中心城市并没有能够成为区域的中心，长三角城市没有能够形成多层级的"核心—边缘"结构。

第 七 章

结论启示与发展策略

城市群是一定地域空间范围内城镇密集、功能综合、网络完善、经济实力强大的城镇集合体。从 20 世纪 90 年代以来，我国工业经济和城市经济获得了快速发展，城市规模也在不断地扩大。随着城市规模的扩大，城市与城市之间逐步接壤。伴随着交通网络的发展，城市与城市之间的经济往来逐步增强，城市群逐步形成。从本质上而言，城市群的发展是现代城市经济"抱团发展"的重要形式，这种形式打破了传统的行政边界，但是同时也形成了新的经济壁垒。在构建了城市群形成与城市群效率的理论后，本书重点探讨了加入城市群空间效应、城市群深化发展的城际交通网络发展对城市群效率的影响以及城市群广化发展的城市群扩容对城市效率的影响等问题。

第一节　研究结论

通过对城市效率的影响因素分析、加入长三角城市群效应分析、城市核心区组内和组间效率差异分析、高速公路和高速铁路网络化对城市群效率影响分析、城市交通网络分析、城市群扩容前后的新城市、核心区成员、非中心城市以及中心城市效率空间溢出分析，本书得到以下主要结论：

第一，土地利用效率、人力资本效应、产业集聚效应是影响城市效率的重要因素。加入长三角城市群能够通过土地利用效率、产业集聚效应等来提高城市效率，从而吸引外围城市不断地加入城市群。整体而言，核心区成员的组内差距变化细微，辐射区成员组内差距出现了先变大后变小的"倒U形"情况。长三角城市群的扩容，对整体效率有着显著的提高，尽管能缩小辐射区成城市效率的组内差距，但是并没有能够缩小核心区成员和辐射区成员城市效率的组间差距。

第二，高速公路和高速铁路网络化建设对城市群的效率有着显著的直接影响，同时可以通过土地利用效率、人力资本效应以及产业集聚效应这三个因素产生间接影响。相比较而言，沪宁高铁、沪杭高铁、京沪高铁以及宁杭高铁对城市效率的影响远远高于甬台温铁路。沪宁高铁和沪杭高铁对沿线城市效率都有显著正向的影响，并且这种影响是通过土地利用效率、产业集聚效应以及人力资本效应三个因素传导的。尽管京沪高铁和宁杭高铁能够有效地促进城市效率的提升，但是京沪高铁只是通过产业集聚效应来促进沿线城市效率的提升，而宁杭高铁则是通过人力资本效应促进城市效率的提升，甬台温铁路对沿线城市效率没有显著影响。

第三，城市群中心城市、核心城市以及节点城市形成各有偏重的多层级的城际交通网络体系，中心城市更加偏向于高速铁路，核心城市更加偏向于高速公路，而节点城市则更主要地依靠国省道与周边其他城市空间链接。随着城际交通的发展，城际高速铁路对核心城市的重要性正在随着时间的推移而加强，核心城市的交通网络层级也在不断地提升。

第四，城市群扩容后，长三角城市群作为一个整体，城市效率在空间上的相互作用和溢出效应显著为正。但是城市群扩容会引起原有成员城市效率空间上的相互作用和溢出效应减弱。并且，非中心城市城市效率的空间溢出效应也逐步消失。新城市加入后，新城市之间的经济往来加速，并形成新城市与原有核心城市之间的新网络，但这是以破坏原有城市间的网络为代价的。

第五，长三角城市群副中心城市尚未成为区域核心，"中心城市—副中心城市—核心城市—节点城市"之间的多层级的"核心—边缘"结构也没有得以形成。在长三角城市群扩容前，南京是重要的效率溢出城市；而在长三角城市群扩容后，上海成为主要的效率溢出城市。城市群扩容后，上海的中心城市地位进一步加强，而副中心城市的地位进一步下落。整体而言，在城市群扩容后，只有新加入区域的城市从城市群扩容后获得了效率溢出好处，而其他省份的城市并没有能够从中获得效率溢出的好处。

第二节 经验启示

通过二十余年的发展，截至 2013 年，长三角城市群已从最初的 15 个成员逐步扩张到包括三省一市的 30 个城市。城市群是我国区域经济发展中不可或缺的一部分，《2015 城市蓝皮书——中国城市发展报告 No. 8》显示，2014 年长三角城市群、珠三角城市群、京津冀城市群、长江中游城市群以及成渝城市群这五个国家级城市群仅仅以全国城市 18.1% 的面积，建成了全国城市 40.48% 的建成面积，集聚了全国 32.16% 的城市人口，创造了全国 46.43% 的国内生产总值，利用了全国 57.15% 的外资。毫无疑问，城市群经济将是未来中国经济发展的重要引擎，而长三角城市群更是站在全国城市群的前列，成为世界六大城市群之一。长三角城市群有着丰富的发展经验，本书通过对长三角城市群中城市效率的分析，可以得到一些重要启示。

（一）城市群发展需要提高土地利用效率，发挥人力资本效应和产业集聚效应

土地利用效率、人力资本效应和产业集聚效应是影响着长三角城市效率的重要因素。在城市群的发展过程中，随着产业发展以及大量的人口在中心城市的集聚，需要建立相应制度保障实现土地的跨地区使用，提高土地的利用效率。长三角城市群中的大城市不断向外扩张，中小城市规模不断扩大，土地供给出现了不足现象，土地利用效率不断提升。在城市群的形成过程中，城市群内各城市土地价格都会有显著的提升，出现联动增长，而不仅仅只是少数中心城市的土地价格高涨。以反映土地价格的新建商品房价格为例，根据《2016 年 1 月全国 70 个大中城市住宅价格指数》显示，长三角核心区的上海、南京、杭州、宁波、合肥的住宅价格指数同比（2015 年 1 月）增长分别达到了 17.5%、10.2%、7%、4.6%、3.2%，整体出现了联动增长。联动增长一方面避免了中心城市土地价格过高而造成城市发展后劲不足，另一方面能够充分发挥中心城市的带动作用。在居住用地不断紧张之时，长三角城市群内大批企业在城市群内转移，其中以皖江产业转移地带最为明显。产业转移不仅带动了承接地区的经济发展和就业岗位的增加，同时也提高了承接地的

土地利用效率。通过土地利用效率的提高，能够促进各城市效率，从而达到提高城市群效率的目的。

由于地区工资的差异，人力资本在空间上有着自我选择效应和排序效应，而这会进一步优化城市群的人力资本效应。从长三角城市群发展来看，长三角地区汇聚着大量的人力资本，而这种人力资本效应伴随着长三角一体化进程的推进正在不断扩大。2015 年上半年，长三角核心区16 个城市的城镇居民人均可支配收入达到了 22676 元，同比增长了8.0%。杭州、上海、宁波、绍兴人均可支配收入更是超过 26000 元。与2014 年全年相比，不同城市居民人均可支配收入差距正在进一步缩小。但如果与全国城市居民人均可支配收入相比，差距则在进一步扩大。整体而言，通过自我选择和排序效应的形成，长三角城市群人力资本效应逐步形成，而且也对长三角城市群的城市效率起到了促进作用。

长三角城市群在发展过程中，逐步形成了地区专业分工与产业集聚。长三角城市群相对珠三角城市群以及京津冀城市群最为成功之处是出现了垂直专业化分工，地区产业集聚效应相对较为明显。2010 年国务院批准实施《长江三角洲地区区域规划》，进一步促进了长三角城市群的分工。该《规划》详细介绍了长三角城市群中各城市的发展方向和分工，指出：上海重点发展金融、航运等服务业，成为服务全国、面向国际的现代服务业中心。南京重点发展现代物流、科技、文化旅游等服务业，成为长三角地区北翼的现代服务业中心。杭州重点发展文化创意、旅游休闲、电子商务等服务业，成为长三角地区南翼的现代服务业中心。苏州重点发展现代物流、科技服务、商务会展、旅游休闲等服务业，无锡重点发展创意设计、服务外包等服务业，宁波重点发展现代物流、商务会展等服务业。苏北和浙西南地区主要城市在改造提升传统服务业的基础上，加快建设各具特色的现代服务业集聚区。

整体而言，长三角地区在土地利用效率、人力资本效应以及产业集聚效应方面初步实现了同步推进，从而促进了长三角城市群的城市效率不断提高。对目前尚处于发展初期的城市群而言，如何规划好城市群中各城市功能，大力促进土地利用效率、人力资本效应以及产业集聚效应，长三角城市群可以为此提供一定的借鉴。

（二）城市群发展需要平衡城市群新旧成员的所得

从长三角城市群的发展来看，城市群的扩大并没有能够缩小核心区成员和辐射区成员之间的差距。并且，长三角城市群新成员的加入打破了原有成员之间的秩序，造成了新成员获得了巨大的溢出好处，而原有成员间的相互溢出大幅减少甚至消失。从本质上而言，这并非是城市群发展的目标。尽管城市群扩容后原有城市的效率也有所提升，但是这种提升如果不以相互溢出为基础，可能在未来进一步引起成员之间在人才以及产业等方面的恶性竞争。

当前长三角城市群在人口规模和经济规模上大体呈现金字塔形，但是人口规模高的城市并没有呈现较高的经济规模，如徐州市人口规模为巨大型城市，但是经济规模只有4963.91亿，在长三角城市群中处于中下游水平，而相应人口规模较大的盐城市和温州市也同样没有呈现较高的经济规模；中心城市上海市已发展成为中国经济最发达的地区，然而作为我国对外贸易的中心城市，上海市的全球功能仍相对较弱，中心城区存在较大人口压力，其余次级中心城市如杭州市、南京市、苏州市等也存在不同程度的交通拥堵，环境污染等城市化问题。

从前文的分析中我们可以清晰地看出，2010年之前，长三角16个城市形成明确的分工，核心城市从中获得了较多的好处。但是，随着城市群的扩容，城市群核心成员之间的相互溢出逐步减少，城市效率的提升更多依赖城市自身发展。这里出现了两难境地：一方面，城市群的扩容通过溢出效应促进新加入成员城市效率的提升；另一方面，城市群的扩容减少了原有核心城市相互之间的效率溢出而降低原有成员的城市效率。换句话说，新加入成员所获得的效率溢出是以原有成员的效率溢出损失为代价的。

那么，是否存在解决的办法呢？从前文的研究中可以看出，在城市群扩容后原有核心成员的效率虽然因为在空间上的溢出而减少，但是城市总效率仍然是提高的，这主要得益于这些城市的土地利用效率、人力资本效应和产业集聚效应仍然发挥巨大的作用。因此，在城市群扩容时，至少应该保证原有城市群中的核心成员具有自组织能力，在没有外部效率溢出的情况下仍然能够保持效率的提升。只有这样，才能确保新成员获得好处的同时原有核心成员城市效率没有出现下降。而要想做到这一点，则要求在城市群扩大时能够有着更好的整体规划，确保新成员与原有成员之间错位发展。通过促进整体规划，充分发挥城市自身资源优势，提高城市群分工协作效率，最终实现多赢的局面。

（三）城市群形成需要以市场为主导力量而非依靠政府规划为主导

长三角城市群之所以能够取得成功，其中重要的一个原因是城市群成员之间形成良好的分工与合作。而在新成员加入之后，城市群内原有的分工与合作被打乱。在长三角城市群的发展历史上，其前期主要依靠政府的力量，但是最终以失败而告终。伴随着市场作用的扩大，长三角城市群才再次形成并获得了快速发展。长三角城市群的后期扩容主要以政府为主导，忽视了市场中原有的联系，从而只有安徽的城市从中获得效率的好处，这并非是城市群发展的一个好的方向。

在三大城市群中，京津冀城市群的形成一直存在较大的争议，京津冀城市并没有形成一个良好的城市群组织。从产业构成上来看，京津冀城市的产业构成比较相似，没有形成类似长三角城市群的"上下游产业关联"，产业分工层次相对较低。京津冀城市群中北京和天津不断吸附河北省的经济资源，形成巨大的"虹吸效应"，而没有像上海那样对周边的城市形成巨大的"辐射效应"。尽管京津冀城市群经历了三十多年的发展，但是由于机制与利益的问题，京津冀城市群一直没有朝着良性的方向发展。京津冀城市群的形成更多的是政府的力量所形成，相互之间缺乏城市群应有的城市之间的经济关联。如果规划不做好，则城市群效率无法得到提升。为此，中央在2015年审议通过了《京津冀协同发展规划纲要》（简称《纲要》）。《纲要》对北京、天津和河北明确了定位：北京定位为政治、文化、国际交往、科技创新四中心；天津定位为全国先进制造研发基地、北方国际航运核心区、金融创新运营示范区、改革开放先行区；而河北则定位为全国现代商贸物流重要基地、产业转型升级试验区、新型城镇化与城乡统筹示范区、京津冀生态环境支撑区。

从我国城市群的发展来看，多数城市群是由政府规划出台相关政策"拉郎配"而形成的城市群。本质上而言，这些城市群的形成违背了市场规律，从而导致效率低下。城市群应该遵循自身发展的规律，而不应该纯粹以规划为准。当前，我国多地形成城市群，但城市群内的主体地位不明确，边缘城市并没有从中真正获得城市互动发展的好处。2012年，国务院正式批复了《中原经济区规划》，包括河南省全省以及山东西南部、河北南部、安徽西北部和山西东南部共 5 省 30 个地级市、10 个省直辖县级市（县）及 3 个县区。但是，在中原经济区的发展中，这些周边省份除了获得一些国家的政策扶持之外，并没有能够从中获得更多的好处。相反，河南省形成了以郑州为中心，以洛阳、开封为副中心的中原城市群。之所以导致现在的格局出现，是因为在最初组成中原经济区时并非以市场为主导，因此在河南省构建中原经济群时周边其他省份城市无法融入其中。

（四）城市群的扩容需要有新的中心城市或核心城市，形成多层的空间结构

从长三角城市群的发展来看，在城市群扩容后，上海的确成为整个城市群的中心。但是，上海的辐射距离仍然十分有限，因而需要形成以南京、杭州以及合肥为副中心的网络。从安徽省城市效率获得的提升来看，安徽省的加入是以合肥市为中心的次级"核心—边缘"的整体加入，不仅利用了合肥的溢出效应，同时获得了其他城市的溢出效应。相比2010 年和 2013 年的两次城市加入，边缘城市获得的好处更多。

我国城市群的形成通常具有单核、双核或多核。但是，由于地理距离和经济关联的影响，一些边缘城市并未加入部分城市群中。比如，山东省的菏泽和聊城，河南的南阳、信阳等城市。这些城市有一个共同的特征：在省内属于边缘地区，距离省会城市相对较远。但随着城市群经济的发展，这些边缘城市极有可能会加入新的城市群中。但是，值得一提的是，这些城市之所以没有加入现有比较成熟的城市群，是因为这些城市与现有城市群成员的经济往来并不密切，尤其是与城市群中心城市的经济往来相对较少。因而，当这些城市加入新的城市群时，可能会继续成为边缘区，城市效率得不到明显的改善。

理想的城市群扩容应该是"群中群"，这也是我国城市群发展过程中的一个普遍规律，符合新经济地理学中的多层"核心—边缘"结构。但在低等级的城市群形成之后，是否能够形成高等级的城市群则需要重新进行评估。以长江中游城市群为例，该城市群以武汉、长沙、南昌三大城市为中心，形成了包括湖北、湖南和江西三省在内的特大城市群组合。在 2015 年该城市群正式形成之前，湖北省打造了"武汉城市圈"，湖南省

打造了"环长株潭城市群",而江西省也打造了"环鄱阳湖城市群"。因此,长江中游城市群是一个典型的"群中群"。从城市群的结构来看,这样的城市群更加具有优势,但其前提是新形成的城市群具有较好的经济往来和交通网络基础。

(五) 城市群扩容需要以经济往来和交通网络为基础

长三角城市群的扩容在最初是有序的,有选择性地增加成员。新加入成员与原有成员之间本身就有着密集的经济往来和交通网络。长三角城市群核心区之所以能够保持持续的高速发展,是因为其内部网络正在不断地深化,并且构建了多层交通网络。因而伴随着交通网络的深化,整个城市群效率以及城市的效率都会有着巨大的提升。如果城市之间交通网络并不发达或者原有的经济往来甚少,那么新加入的城市可能无法从中获得较多的好处,或者其所获得的好处是以原有城市的损失为代价的。只有依赖原有的经济往来和交通网络深化,新加入的城市才能真正地融入城市群中。

尽管"群中群"这样一种空间组织结构是比较常见的城市群结构,也符合长江中游城市群的发展规律。但是,从规划发展上来看,目前促进长江中游城市群的发展仍然是以地级城市群的发展为主。2016年3月,武汉、长沙、合肥、南昌提出了《南昌行动》,支持建设武汉、长沙、合肥、南昌全国性综合交通枢纽。但是,从《南昌行动》的规划中可以看出,在高铁建设方面仍然围绕着国家规划的省会城市连接线以及各省内部的城际铁路,尚未形成区域内的高速公路网络和高速铁路网络。长三角城市群之所以能够高速发展,交通网络的建设起到了极大的作用,而这种交通网络的建设又强化了地区之间的经济网络。反观长江中游城市群的交通网络发展和经济往来,可以预期长江中游城市群真正发挥群的作用尚需一段时期。

城市群形成的本源是城市与城市之间具有密切的经济联系,而这种联系需要通过交通网络来推进。2016年2月,《国务院关于深入推进新型城镇化建设的若干意见》中提出推进城市群基础设施一体化建设,构建核心城市1小时通勤圈,完善城市群之间快速高效互联互通交通网络,建设以高速铁路、城际铁路、高速公路为骨干的城市群内部交通网络,统筹规划建设高速联通、服务便捷的信息网络,统筹推进重大能源基础设施和能源市场一体化建设。在前文的研究中我们也指出,长三角城市群中的高速铁路和高速公路网络的建设促进了沿线城市效率的提升。地方政府如果只是试图利用国家的高速铁路和高速公路等促进地区经济的网络,则是远远不够的。因而在城市群扩大过程中,需要注重强化交通网络建设以及经济活动在空间的关联性。

第三节　发展策略

当今,随着世界经济全球化和区域经济一体化进程的加速推进,城市群逐渐成为各国经济发展中的重要力量,国家之间的经济竞争很大程度上表现为各大城市群之间的竞争。长三角城市群是我国参与国际竞争的重要平台,国家"一带一路"和长江经济带战略的实施,为长三角城市群充分发挥区位优势和开放优势,更高层次、更高水平参与国际合作和竞争带来了新空间。优化提升长三角城市群,全面提高开放水平,集聚创新要素,形成与国际通行规则相适应的投资、贸易制度,培育具有全球影响力的科技创新高地,有利于提升国际国内要素配置能力和效率,带动国家竞争力的全面增强。

在新的历史背景下,特别是在经济社会发展进入新常态,国家区域战略有了重大调整和创新的情况下,长三角城市群必须以国家重大区域战略为出发点,强化制度建设,构建战略协调机制。

（一）城镇分工协调发展,提升区域整体竞争力

世界上比较成熟的城市群一般具有经济总量大、城镇高度密集、功能分工明确且联系紧密等特征。长三角城市群要想成为世界级城市群,带动整个国家经济发展,各级城镇就需要分工协调发展,发挥各级城镇的功能。

长三角城市群目前大、中、小城市齐全,拥有1座超大城市、1座特大城市、13座大城市、9座中等城市和42座小城市,各具特色的小城镇星罗棋布,城镇分布密度达到每万平方公里80多个,是全国平均水平的4倍左右,常住人口城镇化率达到68%。但城镇间分工协作不够,低水平同质化竞争严重,人均地区生产总值、地均生产总值等反映效率和效益的指标,与其他世界级城市群相比存在明显差距。上海作为长三角区域

的核心城市，与纽约、东京、伦敦等全球城市相比，国际竞争力和国际化程度明显不够。落户上海的世界 500 强企业总部仅为纽约的 10%，外国人口占常住人口比重仅为 0.9%（见表 7—1）。

表 7—1　　　　长三角城市群与其他世界级城市群比较

城市群	中国长三角城市群	美国东北部大西洋沿岸城市群	北美五大湖城市群	日本太平洋沿岸城市群	欧洲西北部城市群	英国中南部城市群
面积（万平方公里）	21.2	13.8	24.5	3.5	14.5	4.5
人口（万人）	15033	6500	5000	7000	4600	3650
GDP（亿美元）	20652	40320	33600	33820	21000	20186
人均 GDP（美元/人）	13738	62031	67200	48314	45652	55304
地均 GDP（万美元/平方公里）	974	2922	1371	9663	1448	4486

注：①长三角城市群数据为 2014 年统计数据。②美国东北部大西洋沿岸城市群包括波士顿、纽约、费城、巴尔的摩、华盛顿等城市及其周边市镇。北美五大湖城市群包括芝加哥、底特律、克利夫兰、匹兹堡、多伦多、蒙特利尔等城市及其周边市镇。日本太平洋沿岸城市群包括东京、横滨、静冈、名古屋、大阪、神户、长崎等城市及其周边市镇。欧洲西北部城市群包括巴黎、阿姆斯特丹、鹿特丹、海牙、安特卫普、布鲁塞尔、科隆等城市及其周边市镇。英国中南部城市群包括伦敦、伯明翰、利物浦、曼彻斯特、利兹等城市及其周边市镇。相关数据来源于中科院南京地理与湖泊研究所研究报告。

从提升区域整体竞争力出发，长三角区域内各城市应发挥各自比较优势，协调处理好上海与其他城市、沿海沿江城市与腹地城市、中心城市与中小城市的关系，明确城市功能定位，强化错位发展，协同推进城乡发展一体化和农业现代化，形成优势互补、各具特色的协同发展格局。

按照打造世界级城市群核心城市的要求，上海应利用海陆双向开放的区位优势，充分发挥对接国际和国内"两个扇面"的重要作用，引领长三角区域尽快形成国际竞争新优势。一方面，对接国际，发挥上海国际大都市的辐射带动作用。吸引跨国公司总部集聚，鼓励区域跨界产业园区合作，共建具有全球影响力的世界级产业集群网络。发挥长三角地区对外开放引领作用，强化亚太地区门户枢纽，加强与东南亚、南亚、中亚等国家的经济合作，构建高水平对外开放平台。另一方面，服务国内，发挥上海在长江经济带中的带动引领作用。强化金融、贸易、航运、文化和科技创新功能，增强对长三角地区及更广大腹地的辐射；协同南京、杭州等城市，加快形成多中心网络化发展格局，促进区域内先进制造业以及创新产业协同发展，加强综合交通枢纽和复合化交通走廊的建设，共同培育具有国际竞争力的世界级城市群。

南京、杭州、合肥这三个城市是长三角城市群的副中心城市，在长三角城市群的地位不断提升，这三个城市应在继续发展先进制造业的基础上，着重发展生产服务功能和生活服务功能，培育区域服务功能。有效利用资源，推进与苏州、无锡、南通、宁波、嘉兴、舟山等周边城市的协同发展，推动企业、产业园区以及专业市场的建设，强化创新与城市的基础设施建设。城市的中心城区等其他优化开发区域，可完善卫星城配套功能、强化与周边中小城市的联动发展。

南通、扬州、泰州、宁波、绍兴、台州、马鞍山、芜湖等城市，要积极发展特色产业，有效承接产业转移，合理布局产业空间，明确产城融合的发展路径，以产业开发区或集聚区为依托，实现产业体系新规划。提升公共产品和公共服务水平，营造宜居环境，提高人口吸引集聚能力。

（二）以都市圈为载体，实现区域一体化发展

在适应快速的全球结构变迁方面，区域相比国家更具结构和制度的灵活性，制定的政策也更具有针对性和可操作性。城市参与全球化竞争需要依托区域构建交通、信息等基础设施网络，形成"流动空间"的物理支持。在长三角地区，大都市圈是实现区域一体化发展的重要载体。

根据全球都市圈发展趋势，都市圈是指包括中心特大城市和周边地区，在物理上基本连片的建成区，并且在基础设施上高度连通，在经济活动上密切往来的城市蔓延区。2016年6月3日，国务院批复通过的《长江三角洲城市群发展规划》提出，到2030年，长三角要全面建成具有全球影响力的世界级城市群。发挥上海龙头带动的核心作用和区域中心城市的辐射带动作用，依托交通运输网络培育形成多级多类发展轴线，推动南京都市圈、杭州都市圈、合肥都市圈、苏锡常都市圈、宁波都市圈的同城化发展，强化沿海发展带、沿江发展带、沪宁合杭甬发展带、沪杭金发展带的聚合发展，构建"一核五圈四带"的网络化空间格局。

同年 8 月 22 日，《上海规划 2040》确立发展上海大都市圈，具体包括上海、苏州、无锡、南通、宁波、嘉兴、舟山在内的"1 + 6"城市群范围，作为上海区域一体化发展的核心，形成 90 分钟交通出行圈。上海都市圈的最大优势在于经济腹地非常广阔，长三角地区经济发达、资源丰富、工业基础雄厚，通过上海都市圈的建设，带动腹地经济的发展，积极推动区域协调发展，甚至能够以此为跳板面向环太平洋经济圈，形成辐射全球的一个经济增长极。

南京都市圈包括南京、镇江、扬州三市，基础产业实力雄厚、金融体系完整、科教优势明显、文化底蕴深厚，是国家重要的基础产业、制造业、旅游业、金融业、科教和文化中心。历史上这里是吴楚文化的交汇地带、南北文化的交融区域，同时也是近代文明兴起之地，集历史、近代、现代特色文化于一身。南京都市圈内各城市在产业分工、城市功能、技术水平、市场化建设等越来越多的领域和层面上显现出区域合作与发展的迫切愿望，同城化的诉求越来越强烈。南京应提升中心城市功能，加快建设南京江北新区，辐射带动淮安等市的发展，促进与合肥都市圈融合发展，打造成为区域性创新创业高地和金融商务服务集聚区。

苏锡常都市圈包括苏州、无锡、常州三市。该都市圈应全面强化与上海的功能对接与互动，加快推进沪苏通、锡常泰跨江融合发展。通过建设苏州工业园国家开放创新综合试验区，发展先进制造业和现代服务业集聚区，推进开发区城市功能改造，加快生态空间修复和城镇空间重塑，提升区域发展品质和形象。

杭州都市圈包括杭州、嘉兴、湖州、绍兴四市。该都市圈可发挥创业创新优势，培育发展信息经济等新业态新引擎，加快建设杭州国家自主创新示范区和跨境电子商务综合试验区、湖州国家生态文明先行示范区，建设全国经济转型升级和改革创新的先行区。

宁波都市圈包括宁波、舟山、台州三市。该都市圈未来的发展应高起点建设浙江舟山群岛新区和江海联运服务中心、宁波港口经济圈、台州小微企业金融服务改革创新试验区。高效整合三地海港资源和平台，打造全球一流的现代化综合枢纽港、国际航运服务基地和国际贸易物流中心，形成长江经济带的龙头龙眼和"一带一路"的支点。

合肥都市圈包括合肥、芜湖、马鞍山三市。该都市圈在发挥推进长江经济带建设中承东启西的区位优势和创新资源富集优势时，应加快建设承接产业转移示范区，推动创新链和产业链融合发展，提升合肥辐射带动功能，打造区域增长新引擎。

（三）实施创新驱动战略，推进互联互通的基础设施网络

我国发展进入新常态，要求经济增长更多依靠科技进步、劳动者素质提升和管理创新，为长三角更好发挥科教创新优势，推动创新发展、转型升级带来新契机。只有坚持科技创新和制度创新并进，整合科技创新资源，才能共建技术创新链和区域协同创新体系，使长三角城市群率先实现经济转型升级，当好改革开放排头兵、科学发展先行者。

培育壮大创新主体，构建协同创新格局。鼓励大型企业发挥创新骨干作用，加快培育科技型中小企业和创新型企业，支持企业整合利用国内外创新资源。深化科研院所改革，推动企业、高校和科研机构加强产学研合作，探索建立具有国际一流水平的创新实验室和创新中心，加快区域科技成果转化。建设以上海为中心、宁杭合为支点、其他城市为节点的网络化创新体系。强化上海创新思想策源、知识创造、要素集散等功能，挖掘苏、浙、皖创新资源，加快苏南国家自主创新示范区、杭州国家自主创新示范区、合芜蚌自主创新综合试验区建设，集中打造南京、杭州、合肥、宁波等创新节点，重点提升应用研究和科技成果转化能力。

强化主导产业链关键领域创新，健全协同创新机制。以产业转型升级需求为导向，聚焦电子信息、装备制造、钢铁、石化、汽车、纺织服装等产业集群发展和产业链关键环节创新，改造提升传统产业，大力发展金融、商贸、物流、文化创意等现代服务业，加强科技创新、组织创新和商业模式创新，提升主导产业核心竞争力。整合区域创新资源，优化区域创新组织方式，设立长三角城市群协同创新中心，深化区域创新研发、集成应用、成果转化协作。深入实施知识产权战略行动计划，完善统一的知识产权价值评估机制，健全长三角城市群知识产权审判体系。鼓励社会资本投资知识产权运营领域，创新知识产权投融资产品，探索知识产权证券化，完善知识产权信用担保机制。充分利用国家科技成果转化引导基金，通过股权投入、风险补偿等形式，支持科技研发与成果转化。

构建布局合理、功能完善、安全高效的现代基础设施网络，提升互

联互通和服务水平。依托国家综合运输大通道，以上海为核心，南京、杭州、合肥为副中心，以高速铁路、城际铁路、高速公路和长江黄金水道为主通道的多层次综合交通网络。打造都市圈交通网，加快上海城市轨道交通网建设，提升中心城区地铁、轻轨网络化水平，建设连通中心城区和郊区城镇的市域（郊）铁路，适时延伸至苏州、南通、嘉兴等临沪地区。加快构建各都市圈同城化交通网，强化南京、杭州、合肥、苏州、宁波城市轨道交通网，推进无锡、常州等城市轨道交通主骨架建设，加快都市圈城际铁路（市域铁路）建设，形成中心城市与周边重要城镇间以轨道交通为骨干、公路交通为基础的交通网络。推动电子政务平台跨部门、跨城市横向对接和数据共享，建立城市群政务信息共享和业务协同机制。加强政府与基础电信企业及互联网企业合作，充分整合政府和社会数据，提升城市间协同运用大数据水平。积极推进城市群内地理信息高精度数据全域覆盖和交换共享，建立统一的地理信息公共服务平台。在城市群内同步规划、同步设计、同步建设、同步运行基础信息网络和重要信息安全保密防护设施，加强要害信息设施和信息资源安全防护。

（四）创建制度化的区域合作机制，完善多层次治理

长三角的区域协调发展起步早，推进稳步有序，形成了以完善市场主导的资源要素配置机制，构建区域统一市场，实现城市间互联互通、共治共享为目标的区域一体化发展战略的主体思路和行动计划。目前，长三角城市群内部协调机制主要包括三个层次：一是"江浙沪省（市）长座谈会"，自2001年起每两年由三省（市）省（市）长参加；二是由长三角15市的常务副市长参加的"经济协调会"，也是每两年召开一次；三是"协作办主任会议"，其职责是落实前两个会议形成的决策和方针。从一定意义上讲，长三角城市群目前的协调机制，对区域一体化的推进具有十分积极的意义。但由于行政区仍然存在，利益格局难以改变，而且，一些区域性组织的协调结果仅仅表现为地区领导人之间的一种承诺，往往缺乏法律效力，具有很大的局限性。

在城市群内部的合作机制方面，发达国家有一些比较成功的模式和经验值得借鉴。如英国的大伦敦城市群行政架构的一体化协调模式，在立法保护的前提下，建立更高层次的大伦敦城市群协调机构，运用政府

行政力量进行具有整体性和长远性的战略规划和一体化协调；美国的城市协调会、政府协议会和特设机构模式，主要是通过建立大都市区政府，或进行县市合并，设立地方政府议会，以及设立单一功能特别区或专门协调机构，就重大公共设施建设、社会治安及环境等领域的问题签订地方政府间专项协议，共同应对。

从区域经济发展的内在规律来看，上海的中心和极核作用将日益加强，城市群内各城市间联系将越来越紧密，这要求跨越行政规划谋求更高层次的合作。长三角城市群在总结自身和借鉴其他世界城市群协调发展的经验基础上，完善内部协调发展的体制机制，可以考虑从这几个方面入手：一是对区域一体化和城市群的协调发展进行立法，从而使得城市群一体化和协调发展的体制机制有一个坚实的法律基础，保持进程的规范性、连续性、稳定性，提高运营效率。二是由中央政府牵头建立"长江三角洲协同发展工作小组"，由各城市市长作为主要成员，主要负责研究、协调、筹划、制定长江三角洲跨省市的有关社会经济协调发展的重大问题。三是组建长三角地区的产业协调组织，其主要职责在于加强民间企业之间的沟通与协作，防止恶性竞争，解决微观层面的合作障碍。在经济全球化的过程中，政府应继续建设"服务型政府"，实施积极的外向型经济发展战略，但是要调整出口商品结构以及吸引外商直接投资的行业结构，从宏观上为区域合作协调创新提供制度保障。

参考文献

一 外文参考文献

Abdel-Rahman, H. M. and M. Fujita, "Product Variety, Marshallian Exiternalities, and City Size", *Journal of Regional Science*, 1990, 30 (2).

Abdel-Rahman, H. M. and M. Fujita, "Specialization and Diversification in a System of Cities", *Journal of Urban Economics*, 1993, 33 (2).

Abdel-Rahman, H. M. and P. Wang, "Toward a general-equilibrium theory of a core-periphery system of cities", *Regional Science and Urban Economics*, 1995, 25 (4).

Alonso, W., *Location and Land Use*, Cambridge: Harvard University Press, 1964.

Anselin, L., "Thirty years of spatial econometrics", *Papers in Regional Science*, 2010, 89 (1).

Arnott, R. J. and J. E. Stiglitz, "Aggregate Land Rents, Expenditure on Public Goods, and Optimal City Size", *The Quarterly Journal of Economics*, 1979, 93 (4).

Arnott, R., "Optimal city size in a spatial economy", *Journal of Urban Economics*, 1979, 6 (1).

Arthur, W. B., "Urban systems and historical path dependence", in Ausubel, J. H. and R. Herman, *Cities and Their Vital Systems*, Washington: National Academy Press, 1987.

Behrens, K., G. Duranton and F. Robert-Nicoud, "Productive Cities: Sorting, Selection, and Agglomeration", *Journal of Political Economy*, 2014, 122

(3).

Brakman, S. , H. Garretsen and M. Schramm, "The strategic bombing of German cities during World War II and its impact on city growth", *Journal of Economic Geography*, 2004, 4 (2).

Christaller, W. , *Central Places in Southern Germany*, Jena: Fischer, 1933.

Cronon, W. , *Nature's Metropolis: Chicago and the Great West*, New York: W. W. Norton, 1991.

Davis, D. R. and D. E. Weinstein, "Bones, Bombs, and Break Points: The Geography of Economic Activity", *The American Economic Review*, 2002, 92 (5).

Dixit, A. , "The Optimum Factory Town", *The Bell Journal of Economics and Management Science*, 1973, 4 (2).

Duranton, G. and H. G. Overman, "Testing for Localization Using Micro-Geographic Data", *The Review of Economic Studies*, 2005, 72 (4).

Ellison, G. and E. L. Glaeser, "Geographic Concentration in U. S. Manufacturing Industries: A Dartboard Approach", *Journal of Political Economy*, 1997, 105 (5).

Fisch, O. , "Spatial equilibrium with local public goods: Urban land rent, optimal city size and the Tiebout hypothesis", *Regional Science and Urban Economics*, 1977, 7 (3).

Forslid, R. and T. Okubo, "Which Firms are Left in the Periphery? Spatial Sorting of Heterogeneous Firms with Scale Economies in Transportation", *Journal of Regional Science*, 2015, 55 (1).

Fujita, M. , P. Krugman and A. J. Venables, *The Spatial Economy: Cities, Regions, and International Trade*, Cambridge: The MIT Press, 1999.

Fujita, M. and H. Ogawa, "Multiple equilibria and structural transition of non-monocentric urban configurations", *Regional Science and Urban Economics*, 1982, 12 (2).

Fujita, M. and P. Krugman, "When is the economy monocentric? von Thünen and Chamberlin unified", *Regional Science and Urban Economics*, 1995, 25 (4).

Fujita, M. and T. Mori, "Structural stability and evolution of urban systems", *Regional Science and Urban Economics*, 1997, 27 (4 – 5).

Glaeser, E. L. and M. G. Resseger, "The complementarity between cities and skills", *Journal of Regional Science*, 2010, 50 (1).

Glaeser, E. , H. Kallal, J. Scheinkman and A. Shleifer, "Growth in Cities", *Journal of Political Economy*, 1992, 10 (1).

Gottmann, J. , "Megalopolis or the Urbanization of the Northeastern Seaboard", *Economic Geography*, 1957, 33 (3).

Gottmann, J. , *Megalopolis revisited: 25 years later. College Park*, M. D. : The University of Mary land Institute for Urban Studies, 1987.

Gottmann, J. and R. A. Harper, *Since Megalopolis The Urban Writings Of Jean Gottmann. Baltimore*, M. D. : Johns Hopkins University, 1990.

Harris, C. D. , "The Market as a Factor in the Localization of Industry in the United States", *Annals of the Association of American Geographers*, 1954, 44 (4).

Henderson, J. V. , "Urbanization in Developing Countries", *The World Bank Research Observer*, 2002, 17 (1).

Henderson, J. V. , "The Sizes and Types of Cities", *The American Economic Review*, 1974, 64 (4).

Henderson, J. V. and A. J. Venables, "The dynamics of city formation", *Review of Economic Dynamics*, 2009, 12 (2).

Hirschman, A. O. , *The strategy of development*, Yale University Press, 1958.

Jacobs, J. , *The Economy of Cities*, New York: Vintage, 1969.

Krugman, P. , "Increasing Returns and Economic Geography", *The Journal of Political Economy*, 1991, 99 (3).

Krugman, P. , "First Nature, Second Nature, and Metropolitan Locaion", *Journal of Regional Science*, 1993, 33 (2).

Lang, R. E. and D. Dhavale, "Beyond Megalopolis: Exploring America's New Megapolitan", *Geography*, 2005.

Lang, R. and P. K. Knox, "The New Metropolis: Rethinking Megalopolis", *Regional Studies*, 2009, 43 (6).

Levinsohn, J. and A. Petrin, "Estimating Production Functions Using Inputs to Control for Unobservables", *Review of Economic Studies*, 2003, 70 (2).

Livesey, D. A., "Optimum city size: A minimum congestion cost approach", *Journal of Economic Theory*, 1973, 6 (2).

Losch, A, *The Economics of Location. Translated from the Second Revised Edition*, New Haven, Conn: Yale University Press, 1956.

Lucas, R. E, "On the mechanics of economic development", *Journal of Monetary Economics*, 1988, 22 (1).

Marshall, A, *Principles of Economics*, London: Macmillan, 1890.

Melitz, M. J., "The Impact of Trade on Intra-Industry Reallocations and Aggregate Industry Productivity", *Econometrica*, 2003, 71 (6).

Mills, E. S., "An Aggregative Model of Resource Allocation in a Metropolitan Area", *The American Economic Review*, 1967, 57 (2).

Mion, G. and P. Naticchioni, "The spatial sorting and matching of skills and firms Triage et arrimage des compétences et des entreprises dans l'espace.", *Canadian Journal of Economics/Revue canadienne d'économique*, 2009, 42 (1).

Moomaw, R. L, "Productivity and City Size: A Critique of the Evidence", *The Quarterly Journal of Economics*, 1981, 96 (4).

Mori, T., "A Modeling of Megalopolis Formation: The Maturing of City Systems", *Journal of Urban Economics*, 1997, 42 (1).

Morrill, R., "Classic Map Revisited: The Growth of Megalopolis", *The Professional Geographer*, 2006, 58 (2).

Muth, R. F., *Cities and Housing: the spatial pattern of urban residential land*, Chicago: University of Chicago Press, 1969.

Olley, G. S. and A. Pakes, "The Dynamics of Productivity in the Telecommunications Equipment Industry", *Econometrica*, 1996, 64 (6).

Partridge, M. D., D. S. Rickman, K. Ali and M. R. Olfert, "Do New Economic Geography agglomeration shadows underlie current population dynamics across the urban hierarchy?", *Papers in Regional Science*, 2009, 88 (2).

Partridge, M. D., D. S. Rickman, K. Ali and M. R. Olfert, "Lost in space:

population growth in the American hinterlands and small cities", *Journal of Economic Geography*, 2008.

Partridge, M., D. Rickman, K. Ali and M. R. Olfert, "Does the New Economic Geography Explain U. S. Core-Periphery Population Dynamics?" *Paper prepared for the 45th Annual Meetings of the Southern Regional Science Association*, 2006.

Rebonato, R. and P. Jäckel, "The most general methodology to create a valid correlation matrix", *Journal of Risk*, 2000, 2 (2).

Rimmer, P. J., "Japan's World Cities: Tokyo, Osaka, Nagoya or Tokaido Megalopolis?", *Development and Change*, 1986, 17 (1).

Schweizer, U., "Theory of city system structure", *Regional Science and Urban Economics*, 1985, 15 (2).

Upton, C., "An equilibrium model of city size", *Journal of Urban Economics*, 1981, 10 (1).

Venables, A. J., "Productivity in cities: self-selection and sorting", *Journal of Economic Geography*, 2011, 11 (2).

Von Thünen, J. H., *Der Isolierte Staat in Beziehung auf Landwirtschaft und Nationalökonomie*, Hamburg: Perthes, 1826.

Weber, A, *Theory of the Location of Industries*, Chicago: University of Chicago Press, 1909.

Wilson, G., B. R. Bergmann, L. V. Hirsch and M. S. Klein, *The impact of highway investment on development*, Greenwood Press, Publishers, 1966.

二 中文参考文献

陈良文、杨开忠:《生产率、城市规模与经济密度:对城市集聚经济效应的实证研究》,《贵州社会科学》2007年第2期。

陈国亮、陈建军:《产业关联、空间地理与二三产业共同集聚——来自中国212个城市的经验考察》,《管理世界》2012年第4期。

陈建军:《全局视野下的长三角协调发展机制研究》,《人民论坛·学术前沿》2015年第18期。

陈雁云、秦川:《产业集聚与经济增长互动:解析14个城市群》,《改革》

2012 年第 10 期。

陈章喜、徐通：《珠三角城市群战略实施以来的效率评价》，《经济地理》
　　2011 年第 11 期。

戴永安：《中国城市效率差异及其影响因素——基于地级及以上城市面板
　　数据的研究》，《上海经济研究》2010 年第 12 期。

邓伟根、王然：《全球价值链治理与外向型经济产业转型——以珠三角地
　　区为例》，《学术研究》2010 年第 1 期。

丁金学、樊桦：《城市群地区交通运输服务发展对策》，《宏观经济管理》
　　2014 年第 5 期。

丁振辉、赖佳：《城市形成与空间分布的经济学解释——以 19 世纪中国
　　沿海城市为对象》，《首都经济贸易大学学报》2012 年第 3 期。

段乐荣：《上海经济区机械行业横向联合的趋势和问题》，《机械制造》
　　1987 年第 1 期。

方创琳：《2010 中国城市群发展报告》，科学出版社 2011 年版。

方创琳、关兴良：《中国城市群投入产出效率的综合测度与空间分异》，
　　《地理学报》2011 年第 8 期。

方创琳、蔺雪芹：《武汉城市群的空间整合与产业合理化组织》，《地理研
　　究》2008 年第 2 期。

方大春、杨义武：《高铁时代长三角城市群交通网络空间结构分形特征研
　　究》，《地域研究与开发》2013 年第 2 期。

高怡冰：《人力资本与城市群升级的关系研究》，《学术研究》2013 年第
　　2 期。

耿曙生：《论中国城市的起源与形成》，《苏州大学学报》1990 年第 4 期。

顾朝林：《城市群研究进展与展望》，《地理研究》2011 年第 5 期。

顾尚华：《城际轨道交通促进大城市群的发展》，《交通与运输》2008 年
　　第 6 期。

关兴良、蔺雪芹、胡仕林：《武汉城市群交通运输体系与城镇空间扩展关
　　联分析》，《地理科学进展》2014 年第 5 期。

郭斌、雒溦：《纳入非期望产出的关中城市群土地利用效率评价及分异特
　　征》，《国土资源科技管理》2015 年第 6 期。

郭凤城：《产业群、城市群的耦合与区域经济发展》，博士学位论文，吉

林大学，2008 年。

郭荣朝、苗长虹：《基于特色产业簇群的城市群空间结构优化研究》，《人文地理》2010 年第 5 期。

国家发改委国地所课题组、肖金成：《我国城市群的发展阶段与十大城市群的功能定位》，《改革》2009 年第 9 期。

郝俊卿、曹明明、王雁林：《关中城市群产业集聚的空间演变及效应分析——以制造业为例》，《人文地理》2013 年第 3 期。

何天祥、朱翔、王月红：《中部城市群产业结构高度化的比较》，《经济地理》2012 年第 5 期。

洪娟、谷永芬：《城市群内产业集聚与区域经济发展——基于长三角 25 市动态面板数据的分析》，《江西社会科学》2012 年第 3 期。

金相郁：《中国城市规模效率的实证分析：1990—2001 年》，《财贸经济》2006 年第 6 期。

金晓雨、郑军：《中国城市效率与城市规模研究——基于非参数与半参数的实证》，《软科学》2015 年第 3 期。

柯善咨：《扩散与回流：城市在中部崛起中的主导作用》，《管理世界》2009 年第 1 期。

柯善咨、夏金坤：《中原城市群的集聚效应和回流作用》，《中国软科学》2010 年第 10 期。

柯善咨、向娟：《1996—2009 年中国城市固定资本存量估算》，《统计研究》2012 年第 7 期。

柯善咨、赵曜：《产业结构、城市规模与中国城市生产率》，《经济研究》2014 年第 4 期。

李红、李晓燕、吴春国：《中原城市群高速公路通达性及空间格局变化研究》，《地域研究与开发》2011 年第 1 期。

李红锦、李胜会：《基于 DEA 模型的城市群效率研究——珠三角城市群的实证研究》，《软科学》2011 年第 5 期。

李立军：《20 年前的"长三角"试验——关于上海经济区规划办公室的历史考察》，《今日浙江》2008 年第 15 期。

李天健、侯景新：《城市经济学发展五十年：综合性回顾》，《国外社会科学》2015 年第 3 期。

李郇、徐现祥、陈浩辉：《20 世纪 90 年代中国城市效率的时空变化》，《地理学报》2005 年第 4 期。

李煜伟、倪鹏飞：《外部性、运输网络与城市群经济增长》，《中国社会科学》2013 年第 3 期。

梁婧、张庆华、龚六堂：《城市规模与劳动生产率：中国城市规模是否过小?》，《经济学季刊》2016 年第 1 期。

林雄斌、马学广、李贵才：《珠三角城市群土地集约利用评价及时空特征分析》，《中国人口·资源与环境》2013 年第 2 期。

刘秉镰、李清彬：《中国城市全要素生产率的动态实证分析：1990—2006——基于 DEA 模型的 Malmquist 指数方法》，《南开经济研究》2009 年第 3 期。

刘勇：《与空间结构演化协同的城市群交通运输发展——以长三角为例》，《世界经济与政治论坛》2009 年第 6 期。

刘中起、张伊娜：《长三角地区大都市圈和城市群发展战略研究——基于经济的空间扩散与交通轴的分析》，《重庆工商大学学报》2006 年第 1 期。

鲁强：《中国三大城市群规模结构研究》，硕士学位论文，河北大学，2014 年。

吕韬等：《中国城市群区域城际轨道交通布局模式》，《地理科学进展》2010 年第 2 期。

马鄂云：《上海经济区金属学会联合会成立并积极开展活动》，《宝钢技术》1986 年第 4 期。

马延吉：《辽中南城市群产业集聚发展与格局》，《经济地理》2010 年第 8 期。

钱运春：《长江三角洲外资空间演进对城市群发展的推动机制》，《世界经济研究》2006 年第 10 期。

人民日报：《上海经济区扩大到四省一市——沪苏浙皖赣将以上海为中心广泛进行经济联合》，《经济地理》1985 年第 1 期。

沈玉芳、刘曙华、张婧：《长三角地区产业群、城市群和港口群协同发展研究》，《经济地理》2010 年第 5 期。

史进、黄志基、贺灿飞：《中国城市群土地利用效益综合评价研究》，《经济地理》2013 年第 2 期。

孙雷、鲁强：《新型城镇化进程中京津冀城市群规模结构实证研究》，《工业技术经济》2014 年第 4 期。

唐小飞、喻敏、鲁平俊：《中国城市群有效框架：战略联盟研究述评》，《中国人口·资源与环境》2015 年第 3 期。

万庆、吴传清、曾菊新：《中国城市群城市化效率及影响因素研究》，《中国人口·资源与环境》2015 年第 2 期。

王春超、余静文：《政府间组织结构创新与城市群整体经济绩效：以珠江三角洲城市群为例》，《世界经济》2011 年第 1 期。

王婧、方创琳：《中国城市群发育的新型驱动力研究》，《地理研究》2011 年第 2 期。

王兀、王德起：《城市规模效率差异分析——以京津冀城市群为例》，《现代商业》2013 年第 2 期。

王鹏：《城市群发展与交通系统研究》，《湖北经济学院学报》2014 年第 11 期。

王庆琨：《城市化进程中的城市土地利用效率及其评价研究》，硕士学位论文，山东农业大学，2007 年。

王士君、宋飏、冯章献：《东北地区城市群组的格局、过程及城市流强度》，《地理科学》2011 年第 3 期。

王小鲁：《中国城市化路径与城市规模的经济学分析》，《经济研究》2010 年第 10 期。

王中亚、傅利平、陈卫东：《中国城市土地集约利用评价与实证分析——以三大城市群为例》，《经济问题探索》2010 年第 11 期。

文余源：《人力资本、FDI、空间外部性与长江中游城市群经济增长绩效》，《商业研究》2013 年第 10 期。

毋晓蕾、韦东、陈常优：《中原城市群城市土地集约利用评价》，《国土资源导刊》2009 年第 1 期。

吴福象、刘志彪：《城市化群落驱动经济增长的机制研究——来自长三角16 个城市的经验证据》，《经济研究》2008 年第 11 期。

吴福象、沈浩平：《新型城镇化、创新要素空间集聚与城市群产业发展》，《中南财经政法大学学报》2013 年第 4 期。

吴红星：《2014 年长三角核心区经济发展报告》，《统计科学与实践》2015 年第 2 期。

席强敏：《城市效率与城市规模关系的实证分析——基于 2001—2009 年我国城市面板数据》，《经济问题》2012 年第 10 期。

夏明嘉、汤丹宁、魏守华：《长三角城市群规模分布的 Pareto 检验》，《南京邮电大学学报》2013 年第 3 期。

邢怀滨、陈凡、刘玉劲：《城市群的演进及其特征分析》，《哈尔滨工业大学学报》2001 年第 4 期。

徐康宁、赵波、王绮：《长三角城市群：形成、竞争与合作》，《南京社会科学》2005 年第 5 期。

徐现祥、李郇：《市场一体化与区域协调发展》，《经济研究》2005 年第 12 期。

许建伟、许新宇、朱明侠：《基于数据包络分析的长三角城市群土地利用效率及其变化研究》，《世界地理研究》2013 年第 1 期。

许新宇、陈兴鹏、崔理想：《基于超效率 DEA 的城市群土地利用效率评价》，中国城市规划年会，2012 年。

许政、陈钊、陆铭：《中国城市体系的"中心—外围"模式》，《世界经济》2010 年第 7 期。

薛东前、王传胜：《城市群演化的空间过程及土地利用优化配置》，《地理科学进展》2002 年第 2 期。

颜银根：《FDI、劳动力流动与非农产业集聚》，《世界经济研究》2014 年第 2 期。

杨海泉、胡毅、王秋香：《2001—2012 年中国三大城市群土地利用效率评价研究》，《地理科学》2015 年第 9 期。

杨建军、汤燕、连城：《交通引导下的城市群空间组织研究——以浙中城市群为例》，《浙江大学学报》2005 年第 5 期。

杨牡丹：《交通基础设施建设与城市群一体化发展研究》，硕士学位论文，华东师范大学，2013 年。

姚士谋等：《我国城市群总体发展趋势与方向初探》，《地理研究》2010 年第 8 期。

殷惠：《城市圈交通一体化研究》，《交通科技与经济》2007 年第 6 期。

于斌斌：《中国城市群产业集聚与经济效率差异的门槛效应研究》，《经济理论与经济管理》2015 年第 3 期。

余静文、赵大利：《城市群落的崛起、经济绩效与区域收入差距——基于京津冀、长三角和珠三角城市圈的分析》，《中南财经政法大学学报》2010 年第 4 期。

岳俊彦：《发展横向经济联系 突破"条块分割"——上海经济区在联合中前进》，《社会科学》1986 年第 5 期。

张莉萍：《中原城市群产业集聚与城市化的耦合效应研究》，《现代城市研究》2015 年第 7 期。

张全明：《论中国古代城市形成的三个阶段》，《华中师范大学学报》1998 年第 1 期。

张学良：《中国区域经济转变与城市群经济发展》，《学术月刊》2013 年第 7 期。

张学良、李培鑫：《城市群经济机理与中国城市群竞争格局》，《探索与争鸣》2014 年第 9 期。

张云飞：《城市群内产业集聚与经济增长关系的实证研究——基于面板数据的分析》，《经济地理》2014 年第 1 期。

赵渺希、钟烨、徐高峰：《中国三大城市群多中心网络的时空演化》，《经济地理》2015 年第 3 期。

赵伟、藤田昌久、郑小平：《空间经济学：理论与实证新进展》，浙江大学出版社 2009 年版。

朱光龙：《城市群产业集聚效应实证分析——以中原城市群为例》，《商业时代》2014 年第 3 期。

朱平芳、徐大丰：《中国城市人力资本的估算》，《经济研究》2007 年第 9 期。

后　记

随着经济全球化的发展，国家和城市以一种相互依赖和相互交织的关系连接在一起，全球经济的空间结构体系"浓缩"为世界城市体系。在全球化背景下，城市竞争不再是区域范围内城市之间的竞争，而是作为一个更大的城市群经济实体，在更广阔的开放式空间范围内参与全球竞争。城市群之间的分工、合作和竞争，将决定新的世界经济格局。

城市群的思想萌芽可以追溯到 19 世纪末期，但直到 1957 年，法国地理学家 Jean Gottmann 发表了具有划时代意义的论文《大都市带：东北海岸的城市化》（"Megalopolis：the Urbanization of the Northeastern Seaboard"），才开始系统研究城市群问题。当代世界城市群理论研究主要有四种形态：第一种，以美国区域规划学会主席罗伯特·亚罗的研究为代表，研究重点在于城市群发展的政策和空间战略研究。这是 20 世纪以来美国学术界和规划界对于未来空间发展战略的最早探索，也是美国城市群模式发展的重要特点；第二种，英国学者彼得·霍尔等聚焦欧洲城市群，在理论和案例研究的基础上，通过实证和定量研究推进城市群理论的发展；第三种，以美国学者罗伯特·朗为代表，提出"新型跨都市地理模式"的概念，推进了城市群理论研究先驱戈特曼的许多想法；第四种，以美国学者戴瓦尔为代表，在梳理美国城市群规划文献和实践的基础之上，重点探讨城市群的规划方式、框架和应用技术。

城市群的出现是一个历史过程，是伴随着科学技术的进步、工业文明的兴盛和经济活动的联系度越来越紧密而自然产生的。城市群是城市现代发展意义上的概念，是城市的"极化效应"和"扩散效应"使产业和人口在空间聚集与扩散运动的结果，是城市化进入高级阶段的标志。从地理学角度来说，在一个有限的空间地域内，城市的分布达到较高的密度即可成为城市群。从经济学的角度来看，城市群是一个城市经济区，是一个或数个不同规模的城市及其周围的乡村地域共同构成的在地理位置上连接的经济区。经济学意义上的城市群更强调城市群体内经济活动的空间组织与资源要素的空间配置，突出城市之间、城市与区域之间的集聚与扩散机制，以及社会经济的一体化发展。世界级城市群，其中心城市由一个或数个规模巨大的世界级城市构成，是全球城市网络的枢纽和经济、科技、新思想的孵化器，也是一个国家，乃至一个洲际经济活力与竞争力的最高体现。世界城市体系由世界城市、国际性城市、国家级中心、区域中心、地方中心5级组成。在这种等级与网络体系中，处于不同等级节点的城市具有不同的全球和地方控制力。不论是在层级结构同一层次的城市中间，还是在不同层次的城市之间都存在着激烈的竞争。同时，这种竞争不仅表现为城市与城市之间的竞争与合作，也表现为城市群或城市体系之间的竞争与合作。从发达国家走过的道路来看，城市群是在城市化的过程中逐渐形成的，是社会生产力和城市化发展到一定水平的必然结果。当城市化进入一定阶段后，城市群已逐渐成为城市化进程中的主体形态。

西欧是工业化和城市化进程开始最早的地区，城市化水平高，城市数量多，密度大，均以多个城市集聚的形式形成城市群。英国的伦敦城市群，集中了英国4个主要大城市即伦敦、伯明翰、利物浦、曼彻斯特和10多个中小城市，是英国产业密集带和经济核心区。该城市群由伦敦大城市圈、伯明翰城市经济圈、利物浦城市经济圈、曼彻斯特城市经济圈、利兹城市经济圈所组成，总面积达4.5万平方公里，占全国总面积的18.4%，人口3650万人，占全国总人口的64.2%。英国大约80%的经济总量集中于此。法国的巴黎—鲁昂—勒阿弗尔城市群是法国为了限制巴黎大都市区的扩展，改变原来向心聚集发展的城市结构，沿塞纳河下游在更大范围内规划布局工业和人口而形成的带状城市群。德国的莱因—鲁尔城市群是因工矿业发展而形成的多中心城市集聚区，在长116公里、宽67公里范围内聚集了波恩、科隆、杜塞尔多夫、埃森等20多个城市，其中50万—100万人的大城市有5个。荷兰的兰斯塔德城市群是一个多中心马蹄形环状城市群，包括阿姆斯特丹、鹿特丹和海牙3个大城市，乌德支列、哈勒姆、莱登3个中等城市以及众多小城市，各城市之间的距离有 10—20 公里。该城市群的特点是把一个城市所具有的多种职能分散到大、中、小城市，形成既有联系、又有区别的空间组织形式，以保持整体的统一性和有序性。

美国城市群的形成与制造业的发展密切相关，三大城市群都分布在制造业发达地区。波士顿—华盛顿城市群分布于美国东北部大西洋沿岸平原，它北起波士顿，南至华盛顿，其中包括波士顿、纽约、费城、巴尔的摩、华盛顿 5 个城市以及它们附近的 40 多个卫星城镇，在沿海岸 600 多公里长、100 多公里宽的地带上形成一个超大型城市群，面积约 13.8 万平方公里，人口约 4500 万人，城市化水平达 90%，制造业产值占全国的 30%。这是目前世界上最大的城市群。芝加哥—匹兹堡城市群分布于美国中部五大湖沿岸地区，东起大西洋沿岸的纽约，西沿五大湖南岸至芝加哥，城市总数达 35 个之多。美国西南部的圣地亚哥—旧金山城市群分布于美国西南部太平洋沿岸，以洛杉矶为中心，南起加利福尼亚的圣地亚哥，向北经洛杉矶、圣塔巴巴拉到旧金山海湾地区和萨克拉门托。

亚洲城市群以日本的"东海道太平洋沿岸城市群"最为著名，由东京、名古屋、大阪三大都市圈组成，大、中、小城市总数达 310 个，包括东京、横滨、川崎、名古屋、大阪、神户、京都等大城市，全日本 11 座人口在 100 万以上的大城市中有 10 座分布在该城市群区域内。这个带状城市群长约 600 公里，宽约 100 公里。占地面积 10 万平方公里，占全国总面积的 31.7%；人口近 7000 万人，占全国总人口的 63.3%。它集中了日本工业企业和工业就业人数的 2/3、工业产值的 3/4 和国民收入的 2/3。

我国的城市及城市群的发展则表现出与西方国家不同的特殊性。20 世纪 70 年代，在计划经济条件下，城镇间行政分割严重且孤立发展，城市群的空间主要表现为行政布局式城镇密集区；进入 20 世纪 80 年代，随着经济体制改革的深入，行政分割开始松动，并呈现有限开放态势，不同规模、开放式、网络型的经济协作区的建立使得城市间联系加强；20 世纪 90 年代中期以后，随着市场经济体制的不断深化，城市间联系的性质、规模、速度和绩效进一步加强，初步呈现一体化态势。进入 21 世纪，在城际交通网络快速发展的背景下，随着工业经济的发展和城市规模的不断扩大，城市与城市之间的经济往来越来越甚，一批城市群、城市带、城市圈和都市区不断涌现，呈现出十分强劲的加速发展势头。随着城镇化战略的推进，我国也将城市群作为区域经济社会发展的重要载体与表现形式。当前我国城市群总面积占全国的25%，却集中了全国62%的总人口、80%的经济总量、70%的固定资产投资、76%的社会消费品零售总额、85%的高等学校在校学生、92%的移动电话用户、98%的外资和48%的粮食，未来还要发展形成19个不同级别、不同规模的城市群。①

1976年，法国地理学家简·戈特曼根据城市群的识别标准及演进规律，发表论文《世界上的城市群体系》，认为世界上有六大城市群，其中之一是以上海为核心的长江三角洲城市群。当时，中国经济社会发展尚处于凋敝的状态，戈特曼将长江三角洲城市群列入世界第六大城市群的界定更像是一则预言。2002年，P. 霍尔在其题为《长江范例》的演讲中谈道：中国已经至少拥有两个经典的特大城市区：珠江三角洲和长江三角洲。这种特大城市区将是21世纪新城市的范例。长三角地区是我国最大的经济核心区，自然条件优越，区位优势明显，经济基础良好，科技和文化教育事业发达，被公认为是全球最具活力的地区之一，在全国占有举足轻重的地位。长江三角洲又是我国城镇最为密集、城市化水平最高的地区之一，区域内部城镇体系完整，由特大城市、大城市、中等城市、小城市组成城镇系统，各类城市的数量呈现"金字塔形"特点，由直辖市、副省级城市、地级市、县级市组成了完整的行政建制等级体系。

纵观中国近现代史，长江三角洲的城市格局一直处在剧烈变化之中，该区域的中心城市曾经历过数次重大变迁，所有的变动都是由于历史条件和地理环境的变化所决定的。最早的大城市是江宁、扬州、苏州和杭州。江宁即今天的南京，是长江三角洲的政治中心和军事中心；扬州的繁荣得益于盐商和漕运，但随着运河时代的结束，扬州迅速衰败；苏州、杭州历史悠久，南宋以来即是长江三角洲的经济、商贸和文化中心，但在20世纪初期苏杭的区域中心城市地位被上海取代。上海于1927年设市，其迅速崛起主要得益于三方面的历史因素：鸦片战争之后殖民性的强制开放；辛亥革命使民族资本获得了较好的发展环境；中外移民和包

---

① 梁倩：《19个城市群规划年内完成》，《经济参考报》2017年1月5日第1版。

容性较强的新型都市文化的产生。从历史、地理的角度看长三角城市群及该地域中心城市的变迁，可以看出城市的位置和城市与城市之间的关系处在不断的嬗变之中。中国经济的发展，行政区划一直是重要的因素，而在长三角自然地理和人文地理上的共同优势越来越受到各方重视的情况下，用动态的眼光来看待长三角各城市之间的发展关系是有必要的。

著名城市地理学家、规划学者彼特·霍尔曾说，如果长三角城市群保持目前的发展速度，那么一段时间后，它将成为世界第一流城市群，上海亦可争取与纽约、东京等并驾齐驱。2016 年 6 月，国家发改委发布《长江三角洲城市群发展规划》，规划中的长三角城市群由以上海为核心、联系紧密的多个城市组成，主要分布于国家"两横三纵"城市化格局的优化开发和重点开发区域。规划范围包括：上海市，江苏省的南京、无锡、常州、苏州、南通、盐城、扬州、镇江、泰州，浙江省的杭州、宁波、嘉兴、湖州、绍兴、金华、舟山、台州，安徽省的合肥、芜湖、马鞍山、铜陵、安庆、滁州、池州、宣城共 26 市，国土面积 21.17 万平方公里。通过此规划，可优化提升长三角城市群，在更高层次参与国际合作和竞争，从而进一步发挥对全国经济社会发展的支撑和引领作用。

"在全球城镇化进程与经济全球化进程加快的双重过程中，城市群的快速扩张已成为带有普遍意义的不可阻挡之势。"戈特曼的伟大，就在于他 40 多年前就看到了这样的时代大趋势。改革开放以来，中国经济取得了突飞猛进的发展。伴随着经济社会的发展，中国的城市化步伐也在不断加快，并出现了城市相互接壤的现象，城市与城市之间的经济往来越来越密，出现"抱团发展"的重要形式与发展趋势。毫无疑问，长三角城市群是中国迄今为止最为成功的城市群。从新经济地理的视角，城市可以被看作人口和经济活动集聚的某个空间范围。从这个视角来看，城市集聚包括三个层次的研究内容：（1）从整个区域层面，考察城市如何在最初的匀质区域中，通过吸纳人口和各种经济活动，促进自身发展和影响周围地区发展的过程；（2）从城市系统层面，考察城市作为经济的空间载体彼此之间的相互联系；（3）从单个城市层面，考察人口和经济活动在单个城市内部集聚的产生与发展，单个城市集聚的空间形式和经济效应是通过促进集聚的向心力和导致分散的离心力之间的张力最终决定的。城市系统理论首先面临的问题是城市人口规模的分布模式，该问题进一步延伸为两个问题：在城市规模分布已知的情况下如何解释某个城市的规模，以及国家之间城市规模分布的不同。

本书通过对经典的 Thünen-Alonso "孤立岛" 城市模型、Henderson 城市体系、Fujita-Ogawa 非单中心城市模型以及 Mori 城市群模型的回顾，抽象出了地租、城市规模等影响因素，并在新经济地理学的框架下构建了扩展型城市群的理论模型。从土地利用效率、产业集聚效应、人力资本效应、城际交通网络效应以及空间溢出效应等多个角度对城市效率提出了 6 个理论假说，并采用长三角城市群 37 个多等级城市 1999—2013 年的面板数据，借助于面板固定效应、双重倍差、核密度估计、分位数回归、空间计量等现代计量方法，逐一验证了 6 个理论假说。本书的研究从城市和城市群的效率入手，探讨长三角城市群扩容发展的效率问题，以期对我国正在快速发展中的其他城市群提供有益的经验借鉴。

本书是在我的博士学位论文的基础之上修改而成的，写作过程中得到了众多前辈和朋友们的热心帮助与支持。感谢我的导师蒋伏心教授的悉心指导和南开大学安虎森教授的细致指点，感谢南京师范大学空间经济学学科团队给予的大家庭般的温暖关爱与无私帮助，感谢江苏省委党校经济学教研部的领导和同仁们的精神鼓励，感谢中国社会科学出版社赵丽老师不厌其烦地提出细致专业的编辑修改建议。由于水平有限，书中内容难免会存在各种各样的问题和不足，也希望得到广大朋友们的批评指正。

王晓红

2018 年 10 月 29 日